CELEBERRI
EMPORIUM.

Vasco DA GAMA

Die Suche nach den Gewürzinseln

Ulli Kulke

Vasco DA GAMA

Die Suche nach den Gewürzinseln

FREDERKING & THALER

Inhalt

SCENO
SYSTEMATIS
PTOLE
SEPTE 90 NTRIO
POLVS ARCTICVS
CIRCVLVS ARCTICVS
AXIS ZO
TIORVM.
AXIS
COLV.
SIVE COLV
TROPICVS ÆSTIVVS SEV TROPICVS CA
ZODI
SATVRNVS
ÆQVATOR
MARS
LVNA
VENVS
MERCV.
ÆQVINO CTI
OCCIDENS
TROPICVS HYBERNVS SIVE TROPICVS CAPRI
SOLSTI:
MVNDI.
RVS
DIACI
MERIDIANVS
CIRCVLVS ANTARCTICVS.
POLVS ANTARCTICVS.
MERI 90 DIES
EVROPA
AFRICA
OCEANVS
ÆTHIOPICVS
MAR DI
INDIA
Capricorni
Cancri

Jenseits von Afrika: ein neuer Ozean

Die Stimmung ist angespannt auf der etwas plumpen, kleinen Nau. Regensturm von achtern weht aus Westsüdwest heftig in die grauen Rahsegel. Sie sind halb gerefft, aber blähen sich, mit dem großen roten Kreuz auf ihrer Bauchspitze, vor den beiden Masten. Immer dann, wenn das Kreuz von den grellen Blitzen beleuchtet ist, signalisiert es Wind, Wolken und Wellen, dass man im Namen des Herrn unterwegs ist. Vorgestern noch war die Laune besser an Bord.

Da Gamas Reise nach Indien klärte endgültig, dass Afrika mit dem Schiff umfahren werden kann. Dennoch blieb die Erde noch lange der Mittelpunkt des Kosmos, wie dieses Weltbild aus dem 17. Jahrhundert zeigt.

EPITOME

JENSEITS VON AFRIKA: EIN NEUER OZEAN

Vasco da Gama, Kapitän der »Sao Gabriel« und Kommandant der ganzen Flotte, zu der noch eine weitere Nau und eine Karavelle gehören, hatte die Schiffsführer und Offiziere aller drei Schiffe zu sich rufen lassen, als sie in einer kleinen Bucht vor Anker lagen. Muskateller aus Santarem, aus der fernen Heimat Portugal, stand da auf dem Tisch in da Gamas Kajüte oben auf dem Achtergestell. Ein gutes Dutzend Flaschen. »Auf Indien, meine Herren«, hatte er da stehend ausgerufen, »nichts mehr trennt uns jetzt noch von den Gewürzen, nur noch das offene Meer.«

Jetzt aber ist die Jubellaune wieder umgeschlagen in Unzufriedenheit, bei manchen ist es Hoffnungslosigkeit, und das liegt nicht am schlechten Wetter. Dabei hätten die Kapitäne und auch die Mannschaften allen Grund zu Stolz und Freude. Kein Schiff der christlichen Welt hatte es je vermocht, den Ozean zu befahren, in den man nun hineinsegelt. Viele, großartige Seeleute aus da Gamas Heimat Portugal hatten es versucht, ein halbes Jahrhundert lang; hatten sich auf den Weg zu diesem Weltmeer gemacht, waren jeder immer etwas weiter vorangekommen. Doch niemand so weit wie die drei Schiffe mit ihren 150 Mann Besatzung nun vordringen würden. Vasco da Gama trägt den Tag in sein Logbuch ein: 20. Dezember 1487. Irgendwo auf der anderen Seite dieses riesigen Meeres warten sie nun auf ihn und seine Flotte, die größten Schätze, die das Abendland kennt in jener Zeit: edelste Steine und Stoffe, vor allem aber Gewürze. Pfeffer, Zimt und – damals noch wichtiger – Gewürznelken und Muskat. Auf winzigen Inseln sollen die wachsen, hinter den großen Inseln weit im Osten des Meeres. Bewacht sollen sie sein von Seeungeheuern und gnadenlosen Zerberussen, meinen viele Seeleute voller Bangen vor ihrem Ziel: Die Gewürzinseln, Fluchtpunkt aller Gedanken der europäischen Kaufleute, Strategen und Entdecker.

Dabei werden sie schon lange über dieses Meer verschifft, die Schätze, seit über tausend Jahren wohl bereits. So viel meint man zu wissen in Portugal. Und auch in den Handelszentren des Mittelmeers wie Venedig, Genua und beim mächtigen Nachbarn Spanien. Doch niemand in Europa weiß darüber Genaueres. Denn das christliche Abendland hat mit diesem Handel nichts zu tun – abgesehen davon, dass die Händler aus Genua und Venedig die Gewürze und Edelsteine für viel Gold und Geld einkaufen in Alexandria, der großen alten Stadt an der Südküste des Mittelmeeres nahe der Nilmündung. Wie aber sind sie dort hingekommen? Auf Kamelrücken, in langen Karawanen durch die weite Wüste, nachdem sie zuvor über jenen Ozean angeliefert wurden, das lassen sich die Kaufleute in Alexandria noch entlocken. Aber wie kommen sie über das ferne Meer, das den Anhängern Mohammeds gehört, weiter hinten wohl den Indern und irgendwo am anderen Ende, im fernsten Osten, vielleicht dem Volk der Chinesen im Lande Cathai? Manche denken dabei schon weiter, wollen nicht nur die Herkunft wissen, sondern auch: Wie käme man wohl selbst dorthin, in jenes Meer.

Genau diese Frage wird immer wichtiger im ausgehenden 15. Jahrhundert, denn der

»Wir suchen Christen und Gewürze«. Vasco da Gama war der erste Europäer, der Indien auf dem Seeweg erreichte.

Skorbut

In der Ära der ersten großen Ozeanfahrten zu Beginn der Neuzeit war ein Gast fast immer an Bord: Skorbut, die Krankheit, die bei Mangel an Vitamin C nach etwa zwei Monaten auftritt. Da vor der Erfindung der Konservendose (zu Beginn des 19. Jahrhunderts) die Lebensmittel nur unzulänglich und unter Verlust vieler Nährstoffe haltbar

gemacht werden konnten, war dieses Leiden bei längeren Etappen ohne Landgang unvermeidbar. Der Schwund von Zahnfleisch, Muskeln und Knochen setzte ein, das Immunsystem erlahmte, die körpereigene Produktion der Glückshormone Dopamin und Serotonin setzte aus, was zu Depressionen führte. Fieber, Durchfall, Herzschwäche begannen, ein Teil der Mannschaften starb. Erst im 18. Jahrhundert gelang es, den Skorbut durch die Mitnahme von Sauerkraut, Zitrusfrüchten und auch Kartoffeln zu bändigen. Hier leistete Kapitän James Cook bei seinen drei Weltreisen Pionierarbeit.

Handel über Alexandria gerät zunehmend ins Stocken, die Osmanen weiten ihr Reich mehr und mehr aus, übernehmen Alexandria, schieben einen Riegel vor die Wege vom und zum Fernen Osten. War nicht deshalb auch der Genueser Christoph Kolumbus fünf Jahre zuvor im Dienste der Spanier nach Westen aufgebrochen, um den Ort dieser Reichtümer im Osten zu suchen?

Die kleine Flotte segelt Kurs Ostnordost, entlang einer unbekannten Küste. Da Gamas Bruder Paulo, Kapitän der »Sao Rafael«, eines der beiden anderen Schiffe, hatte ihn an jenem Abend, mit dem Muskateller-Glas in der Hand, gefragt: »Was ist, wenn die Küste bald schon wieder nach Süden statt nach Norden verläuft, und das hier doch wieder nur eine der vielen Einbuchtungen in den afrikanischen Kontinent ist?« Vasco, der jüngere der Brüder, hatte geantwortet: »Das zu denken, gestatte ich dir einfach nicht«, und am Glas genippt. Bartolomeo Diaz, der portugiesische Seefahrer, der zehn Jahre zuvor bis genau hierher gekommen war, dessen letztes an der Küste aufgerichtetes hellgraues Steinkreuz sie nun passieren, hatte zu Hause in Lissabon berichtet, er habe das Kap entdeckt, hinter dem der neue Ozean liege, zweifellos. Und Pero de Alemquer, der mit Diaz hier gewesen war und nun auf Paulo da Gamas »Sao Rafael« wieder dabei ist, bestätigt es. Aber wie kann er da sicher sein?

Eine gewisse Strecke ist die Flottille nun schon über die Südspitze Afrikas hinausgesegelt, herum um das Kap der Guten Hoffnung, wie es heute heißt. Als erste europäische Schiffe sind sie von dort aus auf dem Weg in den Indischen Ozean. Hoffen sie. Wenige Jahre zuvor noch sparten die europäischen Zeichner von Weltkarten den äußersten Süden Afrikas aus – er verschwand hinter dem Kartenrand, niemand wusste, wie es dort aussah. Das noch anerkannte Weltbild des Ptolemäos, des bekannten Kosmologen aus Alexandria, der im dritten Jahrhundert Afrika mit einer durchgehenden Landmasse rund um den Süden des Globus verbunden und den Indischen Ozean als Binnenmeer dargestellt hatte, ist noch immer in den Köpfen. Immer noch werden seine Karten kopiert, erst wenige Jahre alt ist die Kopie von Ulmer Kartenzeichnern, die den Seefahrern keine Chance geben für eine Passage in den Indischen Ozean.

Die Mannschaft ist deprimiert, mancher der Männer hoffnungslos. Am schlimmsten steht es um die Stimmung auf der »Sao Gabriel«, Vasco da Gamas Flaggschiff. Einige Seeleute, so muss man ihrer Haltung und ihrem Getuschel entnehmen, ist womöglich sogar der Gedanke an eine Meuterei nicht mehr fremd, auch solchen aus der mittleren Befehlsebene. Für den Fall, dass Vasco da Gama nicht bereit wäre, auf ihre Forderungen zur Umkehr, zur Rückfahrt nach Portugal einzugehen. Der Grund: Viele Seeleute sind krank, einige können nichts mehr zu sich nehmen, viele sind arbeitsunfähig. Täglich werden es mehr. Viele Monate hatte man bis zum Kap gebraucht. Drei Monate allein, nachdem die Flottille aus den Gewässern der Kapverdischen Inseln vor der Westspitze Afrikas aufgebrochen war. Anders als alle anderen portugiesischen Schiffe vor ihnen hatten sie hier weit ausgeholt, waren in weitem Bogen über den Atlantik gesegelt, ohne es zu wissen nahe an der Küste Südamerikas vorbei. Der große Umweg weitab von der afrikanischen Küste folgt den Passatwinden und dem Kreislauf der Meeresströmungen, die den Südatlantik gegen den Uhrzeigersinn umlaufen. So verkürzt er die Fahrzeit nach Südafrika.

Vasco da Gama ist der Erste, der ihn jetzt gewählt hat, der seine Naus und Caravellen ganz bewusst von diesen mächtigen, kreisartigen Schüben der Natur vorantreiben lässt. Er muss aber auch die Kehrseite dieses mutigen Manövers kennenlernen: Drei Monate keine Landsicht, drei Monate keine frische Nahrung, nur salziges Pökelfleisch und verschimmeltes Brot; drei Monate, neunzig Tage, kein frisches Wasser. Nur faulige Brühe, abgesehen von hier und da mal aufgefangenen Regenschauern. Kolumbus hatte für seine längste Etappe, jene von Gomera im Archipel der Kanaren bis zur ersten Karibik-Insel, gerade einmal 37 Tage gebraucht. Eine derart lange Zeit auf hoher See bedeutet zu Beginn der Neuzeit noch, dass die Mannschaften gnadenlos der Seemannskrankheit Skorbut ausgeliefert sind, die bei einem Mangel an Vitamin C einsetzt. Für die Männer, denen im Überlebenskampf gegen die Elemente des Meeres schließlich das Äußerste abgenötigt wird, mit fatalen Symptomen: Muskelschwund, Knochenschmerzen, Zahnlockerungen bis zum Ausfall, deshalb dann auch Probleme bei der Nahrungsaufnahme, dauerhafte Müdigkeit – und dies bei schwerem Wetter. »Es wurden uns dort viele Leute krank. Hände und Füße schwollen ihnen an, und das Zahnfleisch wucherte ihnen so über die Zähne, dass sie nicht mehr essen konnten.« Das schreibt ein anonymer Chronist der Reise, wohl ein Offizier an Bord der »Sao Rafael«. Auf ihn gründet sich das meiste Wissen, das wir über diese Seefahrt haben. Manche Autoren meinen, seinen Namen zu kennen: Alvaro Velho, sicher ist es nicht. Doch nennen wir ihn der Einfachheit halber so.

Die Männer beginnen zu murren. Tatsächlich jedoch ist man von einer offenen Meuterei weit entfernt. Eher geht es bei den flüsternden Beratungen nachts auf dem Mannschaftsdeck darum, wie man die Offiziere dazu bringen könnte, den Kommandanten davon zu überzeugen, ein oder zwei Wochen Erholungspause an Land einzulegen. Oder doch wenigstens ein paar Tage. Für frische Nahrung. Länger jedenfalls als die kurzen, nur wenige Stunden dauernden Ankerpausen, um frisches Wasser zu bunkern.

Was geht in dem Moment im Kopf Vasco da Gamas vor? Denkt er daran, was er von Christoph Kolumbus fünf Jahre zuvor gehört hatte. Man munkelt, Kolumbus habe seinen eigenen Kopf in die Waagschale geworfen, als seine Männer – die Hälfte davon Galgenvögel aus spanischen Kerkern – mitten auf dem Atlantik umkehren wollten, weil sie glaubten, nie anzukommen. Kolumbus, so heißt es, habe da vor seinen Männern ausgerufen: Wenn am dritten Tag kein Land in Sicht sei, könne man ihm die Kehle durchschneiden und ihn anschließend über Bord werfen. Am dritten Tag habe der Mann aus dem Aus-

Im Dogenpalast (rechts im Bild) von Venedig sah man die portugiesischen Ambitionen im Fernosthandel mit Gewürzen als bedrohliche Konkurrenz.

Mombasa im Jahr 1570, gut 70 Jahre nachdem da Gamas Mannschaft in der ostafrikanischen Hafenstadt unangenehme Überraschungen bereitet wurden.

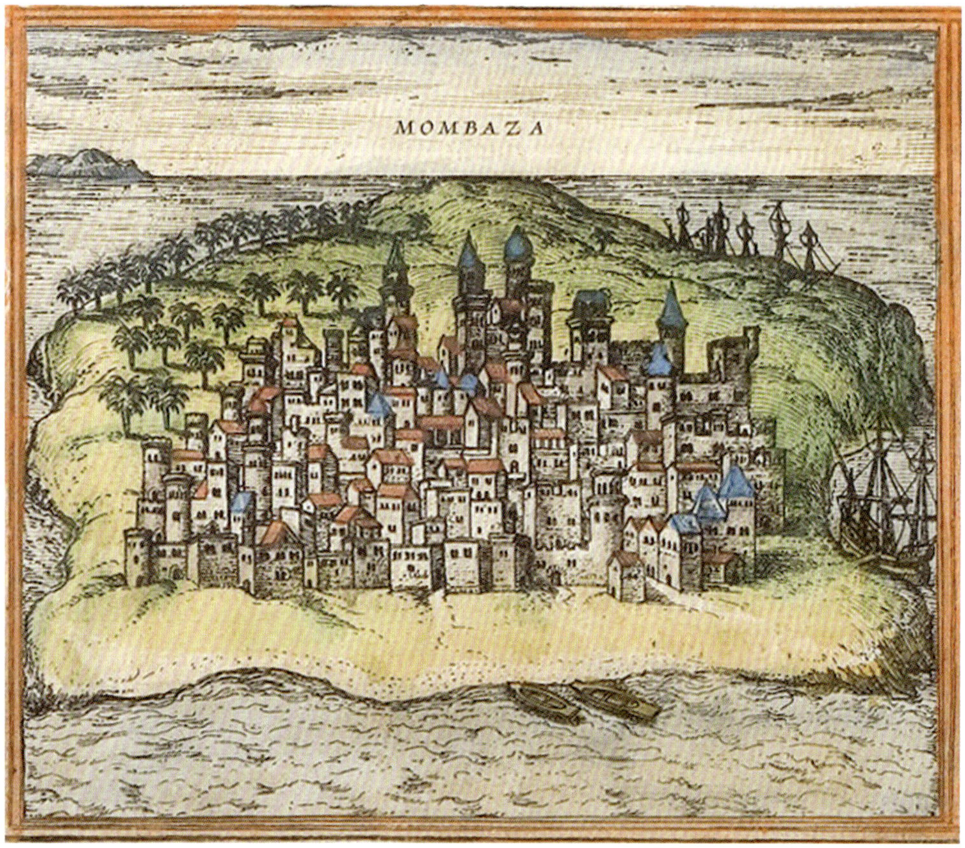

guck ganz oben dann gerufen: Land in Sicht. Kolumbus war gerettet.

Vielleicht denkt Vasco da Gama in dem Moment auch an Bartolomeo Diaz, seinen Landsmann und in gewisser Weise Vorgänger. Diaz hatte nach vielen vorherigen Versuchen anderer portugiesischer Seefahrer im Jahre 1488 das Kap der Guten Hoffnung tatsächlich schon erreicht, freilich mit dem Auftrag des Königs, von dort aus weiterzufahren, bis hinauf nach Indien. Doch Diaz zauderte, scheute das neue Meer. Als die Männer an Bord seiner »Sao Cristavao« und der »Sao Pantalea« murrten, vor allem, als sich dem Protest auch die Offiziere anschlossen, war er nur allzu schnell bereit, die Segel zu streichen, das Ruder herumzulegen und Kurs auf Portugal zu nehmen. Diaz fehlte der Mut, der Schneid. Weshalb da Gama jetzt, in Wind und Wetter hinter dem Kap, nur mit Sarkasmus an Diaz denken kann. Weil der es nach seiner Rückkehr nicht verwand, dass nicht er den Auftrag für den nächsten Versuch, Indien zu erreichen, erhalten hatte, sondern da Gama. So eine Chance erhält man nicht zweimal, Bartolomeo, dachte da Gama laut, nicht unter diesen Umständen. Und da Gama, Kommandant der »Sao Gabriel« und der ganzen Flottille, will die Krone, will seinen König Manuel daheim nicht enttäuschen. Ehrgeizig ist er, Vasco da Gama.

Das Wetter bessert sich ein wenig, der Kommandant macht zunächst keine Anstalten für einen längeren Stopp. Die Signale von der Küste, von ihren Bewohnern, sind zwiespältig, als sie kurz an Land gehen, um Wasser zu holen. »Am Samstag kamen ungefähr 200 Schwarze, groß und klein durcheinander, und brachten zwölf Stück Vieh mit, Ochsen und Kühe, und vier oder fünf Hammel, und wir gingen, als wir sie kommen sahen, sofort an

Folgende Doppelseite: Kamelkarawanen verbanden über viele Jahrhunderte die Handelsströme im Indischen Ozean und im Mittelmeer – bis die Europäer Afrika umsegelten.

Land«, notiert Alvaro Velho. Die Schwarzen beginnen auf Flöten zu musizieren, auch zu tanzen. Auch der Kommandant lässt die Trompeten blasen, »und wir tanzten in den Booten, und der Kommandant tanzte auch mit uns«. Für drei Armbänder tauschen sie einen schwarzen Ochsen ein. »Er war sehr fett, und sein Fleisch war schmackhaft wie portugiesisches Ochsenfleisch.« Am nächsten Tag, als sie wieder tauschen wollen, diesmal mit Armspangen, nehmen die Bewohner die Mitbringsel gern in Empfang. Doch anschließend ziehen sie die Portugiesen an der Hand, zerren sie hin zum Wasserplatz, »als wollten sie sagen, warum wir ihnen das Wasser weggenommen hätten, und dann fingen sie an, die Ochsen in den Busch zu treiben«. Die Haltung der Menschen, die da Gama und seinen Männern so gänzlich unbekannt sind, wird bedrohlich. Der Kommandant gibt den Befehl zum Rückzug. »Ihm schien, als ob sie irgendeine Verräterei im Sinn hätten.« Zwei Bombarden lässt Vasco da Gama noch abfeuern, »um ihnen zu zeigen, das wir die Macht besäßen, ihnen Schlimmes zuzufügen«. Die Einwohner fliehen in den Busch, die portugiesischen Seeleute gehen an Bord und nehmen den Anker auf.

Die Küstenlinie dreht sich weiter, von Ostnordost nach Nordost, schließlich Nordnordost. Weiterhin sind sie dicht besiedelt, die unbekannten Gestade. Gehen sie kurz an Land und schauen, was die Menschen dort essen, so lernen sie bisweilen Unglaubliches kennen, Tiere etwa mit gepanzerter Haut und einem großen Horn auf der Nase. Hier füllen sie ein paar Fässer mit Wasser aus den Bächen, dort ernten sie

Fort Jesus in Mombasa, errichtet 1498, wenige Jahre nach da Gamas Durchreise. Noch heute zeugen portugiesische Kritzeleien an den Wänden des Forts von dieser Zeit.

Da Gamas Mannschaften staunten in Ostafrika über Palmenfrüchte, »groß wie Melonen«. Heute wissen wir: es waren Kokosnüsse.

Früchte von den Palmen, »groß wie Melonen« – es waren Kokosnüsse –, und dann pflanzen sie weiter ihre großen steinernen Kreuze in den Küstenboden. Sie passieren Inseln voller Vögel, die nicht fliegen können. »Man nennt sie Pinguine. Wir töteten davon so viel, wie wir wollten, und besagte Vögel schreien wie Esel.« Das Frischfleisch gibt den Gesunden ein etwas besseres Gefühl, die Kranken aber werden hinfälliger. Mehr und mehr von ihnen fallen aus für die schwere Arbeit, die anderen müssen nun auch ihre Aufgaben übernehmen. Als das Wetter wieder schlechter wird, droht die Stimmung erneut zu kippen, die Schiffe verlieren sich aus den Augen, von widrigen Winden werden sie zurückgeworfen, einmal nachts um sechzig Seemeilen. Am nächsten Morgen stellen sie mit Erschrecken fest, dass sie den Küstenstrich schon Tage zuvor passiert hatten.

Und nicht nur die Besatzung zeigt Spuren der Seereise, auch das Schiff. Am ersten Weihnachtstag, am 25. Dezember, geht eine schlimme Nachricht um an Bord: Der Hauptmast hat einen Riss. Ganz oben, beim Segelsetzen, wird er zuerst entdeckt, eine Elle unter dem Mastkorb, in gewissen Abständen öffnet er sich, setzt sich immer weiter nach unten fort. Doch auch hier zeigt sich da Gama hart, lässt keine Verschnaufpause zu. Mit Tauen lässt er den Mast notdürftig ummanteln, und er hält. Weiter geht es.

Am 10. Januar 1498 finden sie einen Landstrich an der Mündung des heutigen Inharrime-Flusses im südlichen Mosambik. Die Bantu erscheinen ihnen »stattlich von Gestalt«, wie unser Chronist verzeichnet, und geben sich so freundlich und gastfrei, dass da Gamas Kartenzeichner der Gegend den Namen »Terra de Boa Gente«, »Land der guten Menschen« geben. Den Europäern fällt auf, dass die Bantu hier eine ausgeprägte Kupferkultur unterhalten – Kupfer als Schmuck von Kopf bis Fuß, Kupfer für allerlei Werkzeuge. »Kupferfluss« nennen sie den Strom, der in den Indischen Ozean mündet. Ein wenig Erholung ist den Besatzungen in den wenigen Tagen an Land vergönnt, für eine völlige Gesundung der Mannschaft reicht es nicht. Weiter, zum Land der Gewürze. Doch die Männer beginnen sich damit abzufinden, die Spannung löst sich. Es ist auf dieser Reise wie auf allen anderen zu jener Zeit: Der Skorbut fährt mit, unerbittlich, und er wird die Reihen unter den Seeleuten dezimieren.

Die Dolmetscher machen eine denkwürdige Entdeckung. Sie begegnen, noch immer tief im Süden, nun ab und zu Menschen, die arabische Wortfetzen sprechen oder zumindest verstehen. Einzelne Brocken zunächst, schließlich klare Begriffe, ganze Sätze. Hin und wieder sehen sie auch Schwarze, die auf dem Kopf so etwas tragen wie einen Turban. Immer weiter nach Süden sind sie vor Wochen gefahren, viele Tausend Seemeilen, um Afrika umschiffen zu können. Und jetzt, da es auf der anderen, der östlichen Seite wieder gen Norden geht, kommen sie in Kulturkreise, die quer über den ganzen undurchdringlichen schwarzen Kontinent offenbar in Verbindung stehen mit den unmittelbaren Nachbarn Portugals auf der Südseite ihres Mittelmeers, mit den Mauren. Jenes Volk, das es sogar in Spanien zu so großer Blüte gebracht hatte, das aber jetzt, in diesen Jahren, endgültig von der Iberischen Halbinsel vertrieben wurde. Hier, am anderen Ende des großen afrikanischen Kontinents, an den so dicht besiedelten Küsten, bei rührigen Menschen, die so ganz anders aussehen als die Mauren aus der ihnen bekannten Levante, begegnen sie dieser Kultur. Allerdings: Je weiter sie vorstoßen nach Norden, desto häufiger treffen sie auch Menschen arabischen Aussehens. Offenbar nähern sie sich den geografischen Schranken, den Landbarrieren, die sich den Europäern in den weiten Wüsten Nordafrikas auftun, nur von der anderen Seite her. Ist das ein gutes oder ein schlechtes Zeichen?

Der Auftrag des portugiesischen Königs an da Gama lautete von Anfang an, an den fernen Küsten auch Hinweisen nachzugehen auf versprengte Christengemeinden, die sich Gerüchten zufolge auf die Reise gemacht und jenseits von Afrika niedergelassen hatten. Wo immer sie an Land gehen, widmen sie sich dieser Aufgabe. Und tatsächlich: Jetzt, da die Flotte weiter nach Norden vorstößt, schnappen ihre Dolmetscher hin und wieder entsprechende Anhaltspunkte auf. Man deutet ihnen an, dass es weiter im Inland Völker gebe, die dem Kreuz huldigen. Bei Begegnungen sollen sie es den Küstenbewohnern oft genug vor das Gesicht gehalten haben. Sollte es sich um den Erzpriester Johannes handeln mit seinem Reich, über das man in Europa seit Jahrhunderten rätselte? Manche meinen ja, er gehöre den abtrünnigen und verfolgten Christengemeinden der Nestorianer an, die sich im fünften Jahrhundert von der Kirche abgespalten, nach Osten aufgemacht hatten, um unbehelligt ihren Glauben leben zu können. Von einem Christenkaiser ist die Rede. Gemeint ist – aus heutiger Sicht – wohl Äthiopien, jenes Kaiserreich, das seit der Spätantike dem christlichen Glauben anhängt.

Doch Christen bekommen sie nicht zu Gesicht, weder Johannes noch die Nestorianer und auch keine anderen. Wohl aber

Ein Mädchen aus dem Mombasa unserer Tage. Damals trafen die Portugiesen nicht immer auf freundliche Gesichter.

Tiere mit gepanzerter Haut und einem großen Horn auf der Nase liefen den Seeleuten bei ihren Landgängen über den Weg. Rhinozerosse waren damals in Europa völlig unbekannt.

immer mehr Anhänger Mohammeds. Sehr viele von ihnen in Mombasa, einer Stadt, die im heutigen südlichen Kenia liegt, und die dank des Überseehandels zwischen Indien und Afrika damals bereits zur geschäftigen Metropole herangewachsen war. Mit Ruderbooten und auch kleinen Seglern kommen bei da Gamas Ankunft Menschen herausgefahren, einige bieten sich als Lotsen an. Da Gama ordnet an, dass die »Sao Rafael« den Booten folgen soll, die Flussmündung hinauf in den Hafen – und muss wenig später mit ansehen, wie das Schiff mit seinem Bruder Paulo als Kapitän auf eine Untiefe aufläuft. Es waren auch einheimische Lotsen an Bord, die nun alle ins Wasser springen und zu den kleinen Booten schwimmen. Die fahren weiter und verschwinden im Hafen, die »Sao Rafael« aber sitzt fest. Schlimmer noch: Die Ruderanlage hat am Grund einen Schlag abbekommen. Nun sind die zwei wichtigsten Teile der Nau beschädigt, der Hauptmast und das Ruder.

Vasco da Gama unterstellt den Einwohnern, sie hätten sein Schiff absichtlich auflaufen lassen. Wollten sie es überfallen? Oder war es nur ein Signal, dass die Europäer mit ihrer Flotte das Weite suchen sollten, dass dieses Meer ihnen gehöre und nur ihnen und dass Konkurrenten im Handel hier unerwünscht seien? Da Gama ordnet an, die Lotsen, die auf seinem Schiff waren, zu foltern. Er will Geständnisse, und er erhält sie, von einem geplanten Überfall ist die Rede. Man will die Schwarzen auspeitschen. Doch auch sie können über Bord springen. Vasco da Gama zeigt schon hier, dass er keinem Konflikt aus dem Weg geht, auch nicht in der Fremde und mit nur drei kleinen Schiffen, umgeben von einer großen, womöglich ja feindseligen Stadt. Es sollte ein Vorzeichen sein für seine weitere Reise. Die Portugiesen, auf dieser Reise jedenfalls, zeigen volles Vertrauen in ihre Schusswaffen.

Das Fort Jesus in Mombasa zeugt heute noch von den großen Ambitionen der Portugiesen in Ostafrika. Es ist einige Jahre nach Vasco da Gamas Durchfahrt errichtet worden. Manches portugiesische Gekritzel an den Wänden soll noch aus dem 16. oder 17. Jahrhundert stammen. Die Besatzung und die Herrscher von Mombasa machten sich zweihundert Jahre lang das Leben gegenseitig schwer, bis die Bastion der Lusitanier Anfang des 18. Jahrhunderts schließlich fiel. Besucher werden heute von den Bewohnern – sichtliche Nachkommen von Portugiesen und Afrikanern – mit einem martialisch aufgeführten Schwertertanz an die Konflikte von damals erinnert.

Damals entwickelt sich der Aufenthalt vor der ostafrikanischen Stadt zu einem Wechselbad aus freundschaftlichem Kontakt einerseits und Attacken und ihrer Abwehr andererseits. »Am Palmsonntag sandte der König von Mombasa dem Kommmandanten einen Hammel und eine größere Menge Orangen, Zitronen und Zuckerrohr und schickte ihm einen Ring als Amulett zu seiner persönlichen Sicherheit in diesem Lande«, schreibt Velho, berichtet aber auf derselben Seite auch darüber, dass eines Nachts sich eine Barke mit ungefähr hundert Männern genähert habe, die allesamt mit Messern und Schilden bewaffnet waren. Sie baten mitsamt Waffen an Bord kommen zu dürfen, »ein Ansinnen, das Vasco da Gama ablehnte«. Man sei »ganz allgemein der Ansicht gewesen, dass sie nur gekommen waren, um zu sehen, ob sie eines von unseren Schiffen hätten entern und wegnehmen können«. Mehrfach bekamen die Portugiesen unliebsamen Besuch. Hier kappten Schwarze die Ankertaue, da »hingen sie schon an den Ketten des Fockmast-Takelwerks« oder planten andere Übergriffe. »Diese und viele andere Schurkenstreiche planten die Hunde, aber Gott der Herr wollte nicht, dass sie ihnen gelängen, weil sie nicht an ihn glaubten.« Sie lichten die Anker.

Etwa 150 Kilometer nördlich von Mombasa liegt an einer Flussmündung die Stadt Melinde, ihre nächste Station – und die letzte auf dem afrikanischen Kontinent. Die Bewohner sind im Gegensatz zu denen von Mombasa überaus freundlich, offenbar auch ohne Hintergedanken. Mehrfach will ihr König sich mit den Schiffsführern treffen. In Melinde werden ihnen auch einige der zahlreichen Inder – längst haben sich Südasiaten hier als Kaufleute etabliert – als Christen vorgestellt. So verstehen es die Portugiesen jedenfalls. Heute nimmt man an, es könnte ein Missverständnis gewesen sein und sich um Hindus gehandelt haben. Offenbar hielt Velho die Kultfiguren in ihren Tempeln, einfach weil es keine Moslems sind, für Beweise, dass sie an den westlichen Gott glauben.

Fast könnte man Melinde kosmopolitisch nennen, die Stadt zeugt mit ihren afrikanischen, arabischen und indischen Bewohnern von dem regen Handel, der von dieser Drehscheibe aus über das Meer nach Osten hin verläuft und auch nach Nordwesten in Richtung des noch fernen Abendlandes hinter der großen Wüste. Der König bietet dem Flottenkommandeur an, ihm einen Lotsen mit auf den Weg nach Indien zu geben, was da Gama dankend annimmt. Das Meer, das in diesen Städten so vielen Menschen bestens vertraut ist mit seinen Monsunwinden, die je nach Jahreszeit wechseln, ist ihm schließlich unbekannt.

Ein übermannshohes Steinkreuz in der Nähe des Hafens von Malindi, hellgrau verputzt, zeugt heute von der Stelle an der Küste Ostafrikas, vor der Vasco da Gama auf seinen drei Schiffen »Sao Gabriel«, »Sao Rafael« und »Santa Fe« am 24. April 1498 die Anker lichten lässt, Kurs Ostnordost, Kurs Kalikut in Indien, wohin sie der Lotse nun führen soll.

In den letzten Wochen waren sie an der ostafrikanischen Küste schließlich so weit nach Norden vorgestoßen, dass sie seit einigen Tagen am Himmel nun wieder den Polarstern, den Orientierungspunkt aller Seefahrer der nördlichen Hemisphäre seit Menschengedenken, anschauen konnten. Ein Gruß aus der fernen Heimat über Wüste und Ozean hinweg. Doch die sehnsuchtsvollen Gedanken dürfen nicht lange anhalten. Denn nun kommt der eigentliche Aufbruch in jene ferne Welt, die ihnen von ihrem Land als Ziel aufgegeben ist, mit all ihren Schätzen, aber auch Fährnissen.

Das Rennen ans andere Ende der Welt

»Im Anfang war das Gewürz.« So leitet Stefan Zweig seinen Essay über die Entdeckungsgeschichte der frühen Neuzeit ein, vielleicht der bemerkenswerteste des vergangenen Jahrhunderts zu diesem Thema: »Magellan. Der Mann und seine Tat«. Dabei bezieht Zweig den wuchtigen Satz nicht nur auf seinen Protagonisten, den berühmten portugiesischen Seefahrer, der in spanischen Diensten 1521 als erster Europäer den Pazifik durchsegelte.

Die ersten Entdecker waren bei ihren Vorstößen immer weiter nach Süden auf Untiere und Monster gefasst. Sie stießen unter anderem auf Flusspferde.

Magellan konnte damit über die westliche Route die größte Etappe bewältigen hin zu den Gewürzinseln, so wie es Vasco da Gama über die östliche Route zuvor vollbracht hatte. Stefan Zweig sieht die Gewürze vielmehr als Beweggrund auch für die großen Ausfahrten aller anderen Entdecker jener Zeit, in welche Richtung auch immer sie aufbrachen. Ost und West sowieso, wenige Jahre danach aber auch Nord und Süd, um Durchfahrten, später Abkürzungen in die fernen Gewässer zwischen Pazifischem und Indischem Ozean zu finden, etwa durch die Nordostpassage oder die Nordwestpassage, durch die polaren Meere.

Im Anfang war das Gewürz, und der Anfang reicht noch viel weiter zurück als bis ins Zeitalter der Entdeckungen. Schon Herodot deutet im 5. Jahrhundert v. Chr. die Bedeutung der orientalischen Gewürze für das Abendland an, indem er Schauergeschichten über ihre Herkunft erzählt. Fliegende Ungeheuer etwa, darunter auch Riesenschlangen, so berichtet der griechische Geograf und fantasievolle Reiseschriftsteller, bewachten das Land, in dem der Zimt wachse, das irgendwo weit, weit im Osten liege. Von Kopf bis Fuß in Ochsenhaut müsse man sich kleiden, wenn man den Zimt gewinnen wolle, um den gefährlichen, fliegenden Zerberussen standhalten zu können. Und dann wachse der Zimt auch noch auf dem Grund eines tiefen Sees. Eine andere Legende machte glauben, dass gewaltige Raubvögel mit den Zimtzweigen ihre Nester bauen, hoch oben an senkrechten Felswänden. Ihretwegen müsse man große Stücke Eselfleisch auf den Boden legen, bis die Vögel diese in ihr Nest bringen. Da die Nester nicht für dieses Gewicht ausgelegt sind, fallen sie nach unten. Sobald das Nest auf dem Boden liegt, besteht die Kunst darin, so schnell wie möglich die Zimtzweige aus dem Nest zu ziehen, bevor die Raubvögel angreifen. So komme man an den Zimt.

Zimt, Pfeffer, auch Muskat gehören in der Antike zu den begehrten, aber durchaus bereits gängigen Dingen des schönen Lebens. Auch die Gewürznelken, jene kleinen, festen und spitzen Blütenknospen, die, ins Fleisch oder andere Nahrungsmittel gesteckt, auf wundersame Weise für Haltbarkeit über mehrere Monate sorgten. Die Ägypter beziehen sie zu Zeiten ihrer Pharaonen, um damit ihre Mumien auf ewig zu konservieren. Vieles wird den Spezereien angedichtet – die Fruchtbarkeit würden sie erhöhen, Schädlinge und böse Geister vertreiben.

Kein Mensch weiß in der Blütezeit der Antike, wo diese Luxusgüter herstammen. Von einem Land namens Indien ist die Rede, wo die Soldaten des großen Alexander Tiere mit langen Rüsseln gesehen haben sollen; später dann von Hinterindien und irgendwann von den Inseln hinter Hinterindien. Einiges von der Handelsware kommt bereits damals über die Seidenstraße, über viele Tausend Kilometer, zu Fuß, auf Eselsrücken, zu Pferde, jahrelang unterwegs durch die gefahrvollsten Wüsten Asiens, über die höchsten Gebirge der Welt. Die Ware geht dabei durch die Hände Dutzender Zwischenhändler. So ist es auch mit den Gütern, die an den südlichen Gestaden des Mittelmeeres auftauchen,

Ferdinand Magellan war ein Landsmann der Portugiesen, die die Gewürzinseln im Fernen Osten suchten. Er steuerte sie auf dem westlichen Seeweg an – allerdings im Auftrag der Spanier.

nachdem sie auf Kamelen durch die Wüste Afrikas und davor wohl über das weite Meer ihren Weg gefunden hatten – eine Handelsroute, die mehr und mehr die Seidenstraße ablöst, jedenfalls, was die Gewürze angeht.

Die Wege sind mühevoll genug, auch voller Fährnisse. Doch die Legende von den furchtbaren Fabeltieren, von den schrecklichen Schluchten, die den Zugang zu den Gewürzen blockieren, sind erfundene Gräuel aus Kaufmannsmund, um den Wert der exotischen Produkte anzupreisen – und allzu Vorwitzigen ihre Idee auszutreiben, selbst zu den Quellen der Schätze aufzubrechen. Das weiß auch Plinius d. Ä., Autor der »Naturalis historia«, des naturkundlichen Standardwerks der Antike, und schreibt kurz nach der Zeitenwende: »Diese alten Geschichten wurden von den Arabern erfunden, um den Preis ihrer Waren zu erhöhen.«

Was Plinius wohl korrekt als durchtriebenes Motiv für die Schauergeschichten unterstellt, es funktionierte. Die Preise sind in der Antike bereits hoch, selbst unter Berücksichtigung des weiten Weges, den die Gewürze zurücklegen. Sie bleiben es bis ins Mittelalter und noch darüber hinaus, ja sie steigen kontinuierlich an. Der Kauf der Luxusgüter, die für manchen vor allem wegen ihrer exotischen Herkunft eher eine Prestigeangelegenheit sind, als dass sie einen kulinarischen Sinn ergeben oder gar eine kulinarische Notwendigkeit darstellen, ist zu Zeiten des alten Roms allerdings mehr als ein privater Spleen. Er ist eine volkswirtschaftliche Größe, die den Außenhandel und dessen Bilanz betrifft, die dem Staat ähnliche Probleme bereitet wie heute eine allzu starke Abhängigkeit von Ölimporten, ebenfalls aus dem Osten. »In keinem Jahr entzieht Indien unserem Reich weniger als 55 Millionen Sesterzen und gibt dafür Waren, die freilich bei uns für das Hundertfache verkauft werden«, klagt Plinius. Er schätzt das Handelsdefizit gegenüber den damaligen Exportweltmeistern, auch wenn sie keiner so recht lokalisieren kann, auf 100 Millionen Sesterzen und kritisiert: »Eine so hohe Summe kosten uns unsere Luxusgüter und unsere Frauen«. Tim Standage resümiert in seinem Buch »Der Mensch ist, was er isst«: Dieser ganze Aufwand »galt Produkten, die streng genommen überflüssig waren und zu völlig überzogenen Preisen verkauft wurden«.

Plinius rätselt über das Faible seiner Landsleute für den Pfeffer: »Die einzige angenehme Eigenschaft ist seine Schärfe – und dafür fahren wir nach Indien.« Sein Zweifel am Gewinn durch das Gewürz ist nachvollziehbar, doch seine Klage über den Aufwand, der dafür betrieben wird, geht in die Irre: »Wir«, die Römer, sie fahren dafür nicht nach Indien. Da waren die Araber davor, die Wüste und das weite indische Meer.

Der Wert des exotischen Geschmacks und Geruchs hält an, überdauert auch die Zeiten der spätrömischen Dekadenz. Der Gotenkönig Alarich, als er zu Beginn des 5. Jahrhunderts Rom belagert, verlangt als Auslöse neben anderem auch 3000 Pfund Pfeffer. Im ausgehenden Mittelalter sorgen indische und hinterindische Gewürze für die erste nennenswerte Kapitalanhäufung auf Seiten der Handelsdynastien etwa der Fugger oder Welser. Deutlicher und bis in die heutige Zeit sichtbar ist der Wohlstand, den der Fernosthandel mit Gewürzen in den Handelsrepubliken Venedig und Genua hinterlässt. Die Fundamente der marmornen Adels- und Dogenpaläste in der Lagunenstadt an der Adria sind die Profite aus dem Import von Pfeffer, Zimt, Muskat und Nelken und ihrem Weiterverkauf nach ganz Europa. Gewürze, auch wenn sie teuer sind, avancieren im Spätmittelalter fast zur Massenware in Paris, Augsburg, den wohlhabenden Hansestädten oder in anderen europäischen Handelszentren.

Vom Nürnberger Martin Behaim stammt der älteste Globus der Welt. Womöglich hat er die Portugiesen auf geheimen Vorstößen über den Atlantik begleitet.

Doch die Blüte ist nicht von Dauer. Ägypten und die Levante, seit der Antike eine undurchschaubare, aber effiziente Zwischenetappe des Osthandels, in der die arabischen Händler ihre eigene Position, ihre eigenen Geschäfte zu sichern trachteten, werden im 13., 14. und 15. Jahrhundert Zug um Zug durchdrungen und beherrscht von anderen Kräften. Von Völkern, denen eine gehörige Expansionskraft innewohnt, die aber dem Fernhandel und dem aus ihm zu erzielenden Profit längst nicht so viel abgewinnen können wie zuvor die Araber. Die Mamelucken sind es zunächst, ein Volk von ehemaligen Sklaven, die im Orient die Macht übernehmen. Später, von Nordosten kommend, die Osmanen. Deutlich geringeres Interesse lebt in ihnen, weiterhin als Scharnier zwischen Ost und West zu fungieren. Der Gewürzhandel, Quell großen Wohlstands und Profits, gerät ins Stocken. Gleichzeitig können die wachsenden Handelsunternehmen an der großen Nachfrage nach Gewürzen in Europa ablesen, welche Profite zu erzielen wären, wenn nur der Nachschub aus dem Osten besser funktionieren würde. Unruhe macht sich breit rund um das Mittelmeer, Machtverschiebungen deuten sich an.

Im westlichen Vorposten der Alten Welt, auf der Iberischen Halbinsel, keimt deshalb die vage Idee, die Hoffnung, schließlich der konkrete Plan, auf dem Seeweg selbst den Ursprungsort der Gewürze anzulaufen, um den Zwischenhandel in Vorderasien zu umgehen und die Gewinne selbst einzustreichen. Es ist gewiss kein Zufall, dass sich gegen Ende des 15. Jahrhunderts ein junger Mann gerade aus Genua, jener Republik im Nordwesten Italiens, die der Fernosthandel zuvor reich gemacht hatte, zuerst nach Portugal und dann, dort abgewiesen, nach

Der Behaim-Globus von 1492 oder 1494. Er enthält überraschend genaue Angaben über das südliche Afrika.

Spanien aufmacht mit einer abenteuerlichen Idee: Vom äußersten Südwesten Europas aus die Barrieren der Araber, der Mamelucken und der Osmanen einfach zu umfahren, indem er die entgegengesetzte Richtung, die westliche, einschlägt und doch zum selben Ziel gelangt: Christoph Kolumbus. Doch der Genueser ist nur einer von vielen Pionieren, die zu jener Zeit Ideen entwickeln, zu den Gewürzinseln vorzustoßen – und damit vor nunmehr einem halben Jahrtausend nichts weniger als den Beginn der Globalisierung einzuläuten. Früher noch hat alles in Portugal angefangen, mit einer gänzlich anderen Orientierung als der des Kolumbus.

Ein Kind noch des 14. Jahrhunderts war er, geboren 1394 als Sohn König Johanns I., ist er heute vor allem durch seinen Beinamen bekannt. Er wurde nie selbst König und befuhr niemals die See, doch Heinrich der Seefahrer bestimmte zeitig wie kein anderer Europäer im ausgehenden Mittelalter den Kurs, den die christliche Seefahrt in der Neuzeit nehmen sollte, um den Globus zu entdecken, zu umrunden, zu erobern. Er macht die Portugiesen zu Europas erstem Entdeckervolk, begründet den sagenhaften Aufstieg des armen Landes zur führenden Handelsnation. In seiner späten Jugend nimmt Heinrich teil an Eroberungszügen gegen die Mauren an der Küste Nordafrikas, ist dabei beim Sturm auf die Maurenfestung Ceuta, wird zum Ritter geschlagen. Anschließend aber bleibt er für den Rest seines Lebens in der Heimat. Doch er investiert all seine immensen Einkünfte als Großmeister des

Christusordens in die Meerfahrt. Ausschwärmen sollen die Segelschiffe seines kleinen Landes, das sich nur mit Schwierigkeiten gegenüber den mächtigen spanischen Nachbarn behaupten kann.

Heinrich baut die äußerste südwestliche Spitze des Landes rund um den Ort Sagres und das sechs Kilometer entfernte Cabo Sao Vicente, zu einem Startplatz in die Welt aus. So wie ziemlich genau 500 Jahre später die Amerikaner in Cap Canaveral sich rüsteten, den Wettlauf zum Mond gegen die konkurrierende Weltmacht Sowjetunion zu gewinnen, so wappnete sich damals Portugal, dem großen Rivalen Spanien zuvorzukommen im Rennen ans andere Ende der Welt. Das Mare Tranquilitatis, das Meer der Stille, das die Amerikaner mit Apollo anpeilten, war für die Portugiesen die See um die Molukken in Südostasien. Wie im 20. Jahrhundert 30 000 Stundenkilometer schnelle Raumkapseln die Jagd zum Mond als friedlicheres Aushängeschild im Rüstungswettlauf bestritten, bei der es um Prestige, aber auch die Vormacht im Kalten Krieg ging, so lieferten sich im 15. Jahrhundert die fünf Knoten langsamen Naus und Karavellen der beiden aufblühenden iberischen Supermächte die Rennen um die damalige Weltherrschaft. Es ging um das Millionengeschäft mit den Gewürzen.

Heinrich der Seefahrer ist nicht Kennedy, der im Mai 1961 verkündete, dass noch in jenem Jahrzehnt ein Amerikaner auf dem Mond stehen würde. Es waren andere Zeiten, gewiss, aber Heinrich gibt sich selbst für damalige Verhältnisse langsam und sorgfältig, will Grundlagen schaffen. Noch jagt keiner die Portugiesen. In den 1430er-Jahren gründet er eine Seefahrerschule, Nautik und Erdkunde werden unterrichtet, ein eigenes astronomisches Observatorium entsteht, das erste in Portugal. Historiker streiten, ob die Schule in Sagres stand oder weiter östlich in der Hafenstadt Lagos. Jeder Besucher aber von Sagres bestaunt heute noch das dort liegende Rund von 50 Metern Durchmesser aus der Zeit Heinrichs: eine riesige Windrose als Relikt aus der Ära, da in jeder Himmelsrichtung noch unbekannte Länder auf mutige Entdecker warteten.

Dass hinter dem Horizont im Osten Schätze lagen, hochentwickelte Kulturen, die in mancher Hinsicht die abendländischen Errungenschaften in den Schatten stellten, darüber gibt es Berichte nicht nur vom Hörensagen der Händler-Stafetten über die Seidenstraße, sondern inzwischen auch von einzelnen mittelalterlichen Fernreisenden. Marco Polo, der es im 13. Jahrhundert bis zum Kaiser von China schaffte, war einer von ihnen. Polo berichtete nach seiner Rückkehr von einem Inselreich, »von dem der größte Teil der Gewürze, deren die

Christoph Kolumbus war der erste große Gegenspieler Lissabons bei der Suche nach den Gewürzinseln.

Die Zimtpflanze in einer arabischen Beschreibung. Auf die Zimt-Insel Ceylon stießen die Portugiesen quasi bei ihrer Durchreise zu den Nelken- und Muskat-Inseln.

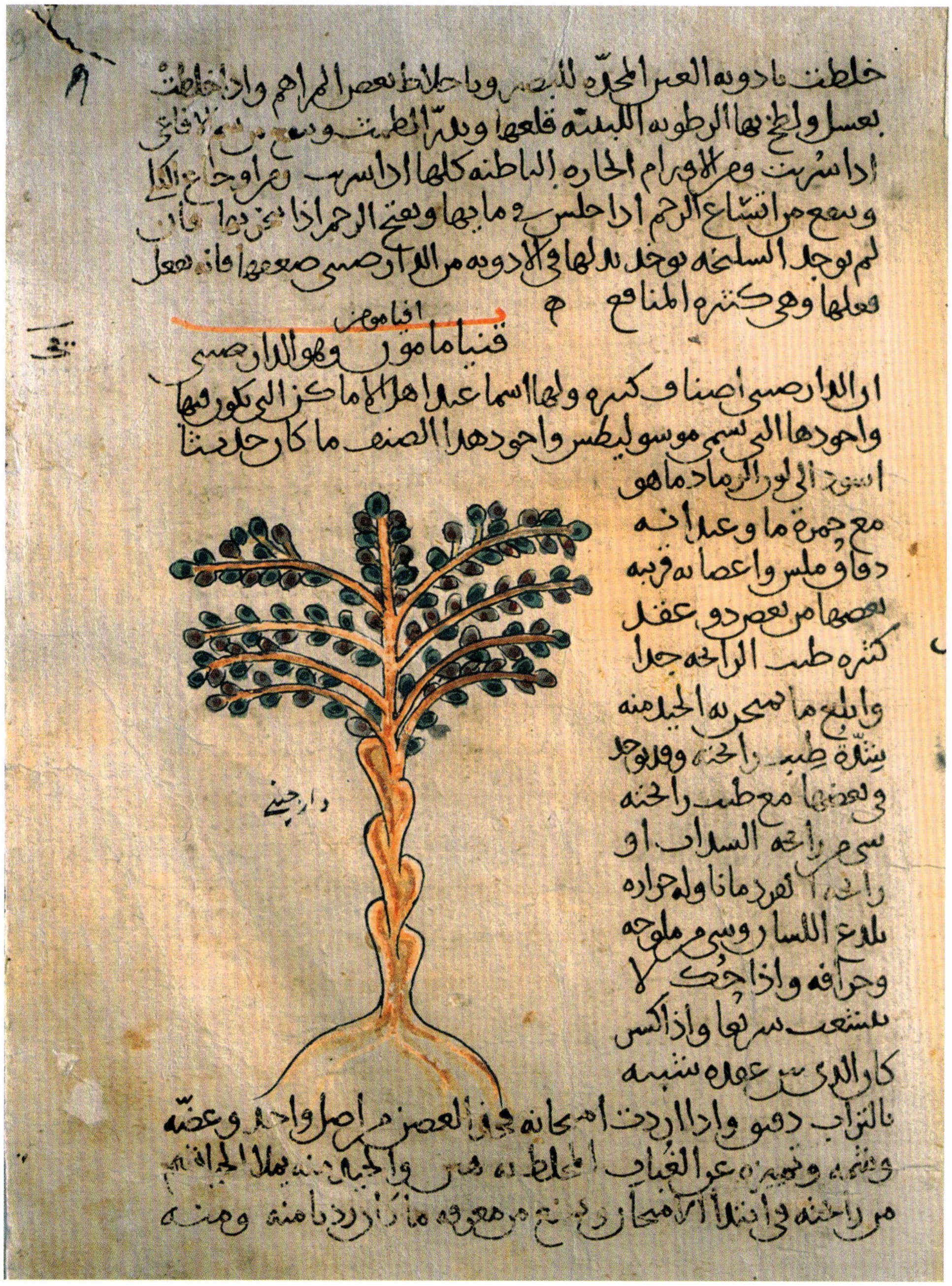

Folgende Doppelseite: Santo Antao, eine Insel im Archipel der Kapverden, dem Vorposten der Portugiesen auf ihren ersten Fahrten entlang der westafrikanischen Küste.

Welt bedarf«, stamme. 20 Jahre vor ihm war Wilhelm Rubruk aufgebrochen, weitgehend zu Fuß, der Mönch, der vom Papst und dem Franzosenkönig zum Mongolen-Khan geschickt worden war, der unterwegs von Gemeinden von Nestorianer-Christen abseits seines Weges hörte, auch von Handwerkern, die von Mongolen, Tataren oder Hunnen in jahrelangen Märschen in die Weiten der fernöstlichen Steppen entführt worden waren. Ja, auch von den Nachkommen versprengter Truppen Alexanders des Großen war die Rede. Die Verbindungen zwischen dem fernen Orient und dem Abendland waren vielfältig und verschlungen, seit Jahrtausenden.

Aber wer soll den direkten Weg finden? Führt er vom Cabo des Sao Vicente nach

Süden, entlang der Küste »Libyens«, wie Afrika in der Antike hieß, immer weiter in den Süden, bis es dort nach Osten hin einen Durchgang in den Indischen Ozean, das Zentrum des damaligen Welthandels, geben würde. Aber gibt es ihn überhaupt? Die Weltkarten des ausgehenden Mittelalters bieten da vorerst wenig Hoffnung. Noch ist der Indische Ozean ein Binnenmeer, ist die Südspitze Afrikas durch eine Landzunge mit einem Kontinent weit im Osten verbunden. Man könnte hinfahren und nachsehen, wenn nicht die unglaublichen Fährnisse auf dem Weg warteten: Die See zum Beispiel, die vor Hitze um so höher kocht, je weiter man nach Süden vordringt. Das ist Lehrmeinung im 14. und beginnenden 15. Jahrhundert. Jenseits vom Kap Bojador, der Landspitze Afrikas vor dem heutigen Westsahara, gehe es deshalb nicht weiter. Die enormen Temperaturen würden es unmöglich machen. Nur noch verbranntes Land liege dort hinter den Küsten, und der Ozean sei von der Hitze in ein gallertartiges Lebermeer verwandelt worden. »Wer Kap Bojador umfährt, kehrt niemals zurück«, zitiert Richard Hennig in seinem Buch »Terrae Incognitae« die damals einhellige Meinung über jenes Kap, das als Ausläufer des Gebirgszugs Dschebel el Aswad in den Atlantik ragt.

Heinrich der Seefahrer schenkt den Schauergeschichten wenig Glauben. Waren denn nicht auch die Phönizier schon um Afrika herumgesegelt, im Auftrag der Pharaonen, im Uhrzeigersinn, und glücklich durch die Säulen des Herakles – die Meerenge von Gibraltar – ins Mittelmeer zurückgekehrt? Herodot, Reiseschriftsteller aus dem 5. Jahrhundert v. Chr., hatte darüber berichtet. Heinrich schickt seine Schiffe los, ab dem Jahr 1418 eines nach dem anderen, immer weiter nach Süden, auf vielen einzelnen Etappen ins Neuland, so wie später bei den Apollo-Missionen noch vor der eigentlichen Mondlandung. 1419 nehmen die Portugiesen Madeira in Besitz, 1427 die Azoren.

Ab 1422 dann schickt Heinrich gezielt Flotten zum Kap Bojador. Dieses zu umfahren ist das erste Etappenziel. In jener Zeit tasten sich die Schiffe nur mit Landsicht vorwärts. Die Ausläufer der Wüste aber, ohne Baum, Strauch und Menschen, die über viele Hundert Kilometer Küste bis an den Atlantik reichten, schrecken die Seefahrer zunächst so weit ab, dass sie, ohne das Ziel zu erreichen, wieder Kurs Nord nehmen. Die starke Strömung, die dort in Richtung Süden verläuft und eigentlich Vorschub gewährt, die später als Teil der südatlantischen Zirkulation auch den Amerikafahrern Schwung geben wird, ist in dem Moment noch angsteinflössend: Handelt es sich womöglich um den Sog

Heinrich der Seefahrer. Der portugiesische Königssohn ging niemals selbst auf große Fahrt, doch er begründete die Vormachtstellung seines Landes zu Beginn des Entdeckungszeitalters.

Für die ersten Reisen entlang der westafrikanischen Küste standen im 15. Jahrhundert zunächst nur kleinere Einmaster zur Verfügung. Meist kehrten die Seefahrer aus Angst vor dem Ende der Welt jedoch wieder um.

des großen Mahlstroms, der allzu mutige Kapitäne und ihre Mannschaften verschlingt? Das Riff, deutlich durch die Brandung gekennzeichnet, und eine Sandbank, die beide vom Kap Bojador weit hinaus nach Westen ins Meer ragen, werden ein ums andere Mal von den Schiffsführern als letzter Warnhinweis gesehen, schnellstens umzudrehen. Insgesamt 15 Mal versuchen sich wackere portugiesische Kommandanten zwischen 1422 und 1434 daran, hinter das Kap Bojador zu schauen. Einer nach dem anderen machen sie spätestens kurz davor kehrt.

Gil Eanes heißt schließlich der mutige Pionier. Er ist der Erste, der im Jahr 1434, zwölf Jahre nach dem ersten Versuch, den so kleinen weiteren Schritt für einen Schiffsführer, aber so großen Sprung für die portugiesische Seefahrt wagt und endlich das Kap Bojador umrundet. Vielleicht ist es sein persönliches Schicksal, das ihn dabei antreibt. Heinrich verachtet ihn, weil er auf den Kanarischen Inseln, jenseits also der Zuständigkeit der portugiesischen Justiz, des Menschenraubs angeklagt war. Eanes sieht womöglich in der Entdeckertat die Chance, sich vor seinem Förderer zu rehabilitieren. Er widerlegt damit auch den damaligen Glauben, dass südlich des Kaps überhaupt nur noch Wüste sei, in der nichts mehr wachse. Eine Blume, die er mitbringt, die damals in Portugal als »Marienrose« bezeichnet wurde, ist der Beweis des Gegenteils. Von dem gallertartigen Lebermeer hinter dem Kap war nun auch nicht mehr die Rede. Eanes öffnet für Heinrich den Seefahrer die Schranke, die für die portugiesische Seefahrt mindestens ebenso bedeutsam war wie Jahrzehnte später das Kap der Guten Hoffnung. Zügig geht es weiter voran. 1445 dringt Dinis Dias zum Kap Verde vor, dem westlichsten Punkt Afrikas gegenüber den Kapverdischen Inseln.

Und doch stellen sich bald unerwartete Probleme ein. Liegt am Ende doch ein Fluch auf Kap Bojador, der den trifft, der es umrundet? 1446 wird ein Seefahrer von Afrikanern getötet, als die Mannschaft nahe Kap Bojador an Land geht, um Frischwasser zu holen. Heinrich lässt die Schiffsartillerie auf seinen Naus und Karavellen verstärken, schickt diplomatische Missionen an die afrikanische Küste, um Bündnisse zu schließen und so Brückenköpfe für die weiteren Expeditionen aufzubauen. Doch die Unterhändler kehren nie zurück – ein Rückschlag. Obendrein stehen Kosten und Ertrag der vielen Reisen in keinem guten Verhältnis mehr. Noch ist mit dem Sklavenhandel, dem später so lukrativen Geschäft, in Europa nicht viel zu verdienen, und es gibt Streit mit den Spaniern um den Besitz der Kanarischen Inseln. Mögen sich die Berichte von Seemonstern, Lebermeeren und lebensfeindlichen Küsten auch als falsch herausstellen, das Risiko nimmt bei den immer weiteren, immer länger andauernden Ausfahrten an der afrikanischen

Küste entlang ganz real zu: Die Mangelkrankheit Skorbut fordert mehr und mehr Opfer. Und so stoppt die Kritik aus Lissabon schließlich vorübergehend alle weiteren Ausfahrten.

Erst 1456 kann Heinrich seine nächsten Schiffe ausschicken. Alvise Cadamosto heißt ihr Kommandant. Sie kommen vom Kurs ab und entdecken so zufällig die Kapverdischen Inseln. So kommt Portugal immerhin nach Madeira und den Azoren an eine dritte Basis im Atlantik, um auf den anstehenden Reisen nach Indien frische Nahrung und Trinkwasser fassen zu können. Weiter, immer mehr Schiffe, noch näher an den Äquator, um in den Süden vorzustoßen. Alles gestaltet sich zäh, doch es geht wieder voran, Heinrich treibt. Den einen Kapitän packt er bei seinem Ehrgeiz, dem anderen werden Nutzungsrechte für Teile von Afrikas Küsten versprochen. Für jene Zeit nicht untypisch ist der Fall des Kaufmanns Fernao Gomes: Er erhält in den 1470er-Jahren von König Alfons V. die Erlaubnis, jährlich 600 Kilometer afrikanische Küste zu erkunden im Namen der Krone, aber auf eigene Kosten und zum eigenen wirtschaftlichen Nutzen. Gomes schickt seinen Seefahrer Joao de Santarem auf die Reise, der 1472 die Insel Principe im Golf von Guinea entdeckt. Langsam, aber sicher steigen auch die Europäer in den afrikanischen Sklavenhandel ein, den die Araber Jahrhunderte zuvor systematisch aufgebaut hatten.

Als Heinrich der Seefahrer 1460 stirbt, sind Lissabons Schiffe bis an die Küste des heutigen Liberias vorgedrungen. Neun Jahre dauerte es da noch, bis in der portugiesischen Küstenstadt Sines Vasco da Gama geboren wird. Vielleicht die Hälfte des Weges zum südlichen Ende Afrikas ist zu jenem Zeitpunkt also geschafft, doch kaum ein Viertel des Weges nach Indien. Von den Gewürzinseln hinter dem indischen Meer, dem eigentlichen Ziel Heinrichs, ganz zu schweigen.

Heinrichs Tod lässt den Vortrieb von Portugals Strategen ein wenig erlahmen. Erst König Johann II., der 1481 an die Macht kommt, bringt für das Ziel Indien wieder frischen Wind in die Segel der Nauen. Die Kapitäne der Portugiesen sind fortan angewiesen, als Zeichen der Inbesitznahme bei ihren Landgängen keine vergänglichen Holzkreuze mehr in den Boden zu schlagen, sondern steinerne Säulen, auf denen in lateinischer und portugiesischer Sprache das Jahr sowie die Namen des Kapitäns und des portugiesischen Königs stehen. Der Erste, der eine solche Steinsäule aufstellt, ist Diogo Cao. 1482 entdeckt er die Mündung des Kongoflusses. Tief beeindruckt zeigen sich seine Seeleute von jenen riesigen amphibischen Wäldern, in denen Bäume mit stelzenartigen Wurzeln im Fluss der Gezeiten mal über, mal unter Wasser stehen: die Mangroven.

Als Cao zurückkehrt nach Lissabon, trifft Christoph Kolumbus dort ein, um

Fernao Gomes war ein Kaufmann aus Lissabon und erhielt im Gegenzug für seine Entdeckungsfahrten die Lizenz zur wirtschaftlichen Nutzung der afrikanischen Küste.

Den Berichten der Ostasienreise Marco Polos – hier eine stilisierte Darstellung seines Fußmarsches nach China – entnahmen da Gama und Kolumbus wichtige Hinweise für ihre eigenen Fahrten.

für seinen als abwegig empfundenen Plan zu werben, den Seeweg nach Fernost im Westen zu suchen. Doch er scheitert in Portugal – folgenreich für die Suche der Europäer nach den Gewürzinseln. Es gibt Anhaltspunkte, warum König Johann II. den von Kolumbus vorgeschlagenen Kurs für wenig aussichtsreich erachtete: 1473, immerhin 19 Jahre vor dessen erster Überfahrt, waren portugiesische Seefahrer wahrscheinlich bereits nach Amerika vorgedrungen – über Grönland nach Neufundland, unter Joao Vaz Corte-Real. Weil aber dort, im kargen Land im hohen Norden Nordamerikas, nichts zu holen war, vermutete der König dasselbe für den gesamten Westen. Später, nach der Rückkehr des Kolumbus, der zuerst in Lissabon landete, bereute Johann seine Entscheidung. Doch er blieb bei seiner Orientierung nach Osten, möge sich die Streckenfindung als noch so mühselig herausstellen.

1485 bricht Cao erneut auf. Es wird jene Reise, die in das Rennen zu den Gewürzinseln auch einen Deutschen einbezieht, nachdem sich bislang daran nur Seefahrer rund ums Mittelmeer beteiligt hatten. König Johann schwärmt zu jener Zeit von Einwanderern aus Franken, Bayern und Baden. Er holt Handwerker von dort, Büchsenschützen, Buchdrucker und Meister aus vielen anderen Zünften. So verschlägt es auch Martin Behaim aus Nürnberg nach Lissabon, einen Tuchhändler, der von seinem Beruf allerdings nicht angetan ist. Viel lieber beschäftigt sich Behaim mit mathematischen, astronomischen und nautischen Studien, berichtet den Portugiesen von neuartigen, hochpräzisen Instrumenten des damals im gesamten Abendland bekannten Mathematikers aus seiner Heimatstadt: Johannes Müller, genannt Regiomontanus. Behaim schafft es so, in eine von Johann II. eingesetzte Kommission für die Verbesserung der Steuermannskunst berufen zu werden. Der König wird auf Behaim aufmerksam und schickt ihn mit auf Caos zweite Expedition, wie in der Schedelschen Weltchronik 1493 zu lesen ist. Kap Bojador, die Mündungen von Senegal, Gambia und Niger, immer weiter nach Süden. Cao und Behaim stoßen nach Lesart mancher Historiker sogar bis nach Namibia vor. Fast ist die Südspitze Afrikas erreicht. Doch sie machen kehrt.

Martin Behaim entdeckt auf dieser Reise keine neuen Erdteile. Dennoch kann er sich ein Denkmal in der Entdeckungsgeschichte errichten. Er wird es sein, der nicht zuletzt aufgrund seiner Erfahrungen bei der Afrikafahrt den ersten Globus der Welt zusammenbaut. Dieser wird zwischen 1492 und 1494 fertig, ist allerdings schon 1493, nach Kolumbus' Rückkehr aus Amerika, das auf dem Globus noch keine Rolle spielt, schon veraltet. Es ist die Zeit, in der die Welt- und Seekarten und das Weltbild des Abendlandes ständig veralten, immer wieder revidiert von neuen Erkenntnissen der Entdecker. Die Seeungeheuer verschwinden zusehends, ersetzt durch neue Länder und schließlich neue Kontinente. Martin Behaims »Erdapfel«, der erste Globus der Welt, ein Kind auch der Suche nach den Gewürzinseln, ist heute im Germanischen Museum in Nürnberg zu sehen.

Drei Jahre nach Caos und Behaims Rückkehr ist Bartholomeo Diaz unterwegs. Mit an Bord seiner Flotte aus drei Schiffen sind mehrere Schwarze, die Cao nach Lissabon mitgebracht hatte, um sie seinen Landsleuten vorzuführen, die nun aber wieder in ihre Heimat an der Kongomündung zurückkehren wollten. Diaz, der an einigen Expeditionen entlang Afrikas Westküste teilgenommen hatte, hat nun keine Schwierigkeiten, bis zur Südspitze des Kontinents vorzudringen, Cao hatte den Weg vorgegeben bis zum heutigen Namibia. Bei den allfälligen Landgängen ist Diaz darauf bedacht, diplomatische Kontakte zu den Küstenvölkern aufzunehmen. Hier zeigt er sich zufrieden, als seine Missionierungsbemühungen darin fruchten, dass ihm ein Dschungelkönig verspricht, seine Leute zum Christengott beten zu lassen, da muss er einen Häuptling enttäuschen, der für ein paar Pfund Salz seine Ehefrau an Diaz verkaufen will. Man ist beeindruckt von den quirligen Märkten in den Küstensiedlungen, zu denen die Menschen 100 Kilometer aus dem Landesinnern mit eigentümlichen Schafen, fremdartigem Geflügel, Bananen, Erdnüssen, Zuckerrohr und anderem herbeikommen. Sie gehen auf die Jagd nach Flusspferden.

Als die kleine Flotte schließlich weiter nach Süden segelt, nimmt ihnen das Schicksal die Entscheidung aus der Hand, fortzufahren oder wie alle anderen vor ihnen kehrtzumachen. Ein furchtbarer Sturm veranlasst Diaz, sich fern von der Küste zu halten, um nicht Schiffbruch zu erleiden. Draußen aber, auf hoher See, peitscht der Orkan sie unweigerlich gen Süden. Die Schiffe werden auseinandergerissen, an Bord herrscht Notstand, Manöver sind unmöglich, es geht allein darum, nicht ins Meer gespült zu werden, tagelang, wochenlang. Schließlich, am 14. Tag, klart das Wetter auf, der Wind flaut ab. Drei Tage später ist auch die See soweit

Beim Zimtbaum ist es die Rinde, die das Aroma und den Geschmack liefert.

beruhigt, dass die Navigatoren wieder arbeiten können; man beginnt sich zu orientieren. Nur noch zwei Schiffe sind zusammen, das dritte, das Proviantschiff, ist verschollen. Wo aber befindet man sich überhaupt? Land ist keines zu sehen. Um sich ihm wieder anzunähern, geht Diaz auf Kurs Ost. Doch auch dort findet sich keines, selbst nach Tagen. Wo waren sie nur? Nun doch in die Unendlichkeit geworfen, zur Strafe für das zu weite Vordringen nach Süden? Schließlich gehen die beiden Schiffe auf Kurs Nord. Wird es ein Zurück geben?

Anderthalb Tage behalten sie die Richtung bei, da schält sich aus den Wolken am Horizont ein terrassenförmig ansteigendes Land heraus, die Hochebene von Klein-Karoo in der Nähe der Mosselbay. Als die Schiffe näherkommen, wundern sich Diaz und seine Navigatoren, dass die Küste hier nicht von Nord nach Süd verläuft, sondern von Südwest nach Nordost. Sind sie nach all den Unwettern schon auf der anderen Seite des Kontinents angelangt, jenseits von Afrika? Es scheint so zu sein, wenn auch nicht aus freien Stücken. Der Sturm hatte sie herumgetrieben um das Südkap.

Schwarze leben an den Küsten, so viel können sie sehen. Doch sie sind von anderer Mentalität als jene auf der Westseite Afrikas, laufen nicht neugierig zusammen, um die Segelschiffe als Wunder zu begrüßen, sondern gehen weiter ihren Geschäften nach. Um Viehhirten handelt es sich offenbar. Als sie sich dem Ufer nähern, verschwinden die Menschen, keiner ist mehr zu sehen. Planen sie einen Hinterhalt? Den Männern wird es unheimlich. Eine kleine Insel, prachtvoll bewaldet, lädt sie ein. Sie bietet den Seeleuten Erholung, auch ist genug Holz da, um die Schäden am Schiff auszubessern. Diaz setzt hier den letzten seiner steinernen Pfosten, verziert mit einer portugiesischen und einer lateinischen Inschrift – und dem Kreuz an seiner Spitze. Bis heute heißt die Insel deshalb Ilhea da Cruz.

Die Küste weist nach Nordosten, zu den Schätzen Indiens, der Weg ist frei, so scheint es. Doch die Mannschaften verweigern sich. Ihrer Meinung nach haben sie genug Gefahren ausgestanden – Orkan, Blitz und Donner am südlichen Ende der Welt. Auch bleibt das dritte Schiff, das Proviantschiff, verschollen. Vergeblich erklärt Diaz ihnen, dass damit nun Schluss sei, dass ihnen bei der Weiterfahrt Ruhm winke, wie ihn seit Jahrhunderten alle seefahrenden Völker des Abendlandes gesucht hätten. Nur noch 25 Meilen weiterzufahren in Richtung Indien, handelt Diaz mit seinen Männern aus. Dann geht es zurück in Richtung Westen. Nach einigen Tagen entlang der Küste baut sich rechts neben ihnen ein gewaltiger Tafelberg auf, hinter einer Landspitze, die Diaz »Kap der Stürme« nennt, die Südspitze Afrikas, dort, wo heute Kapstadt liegt.

Die Umstände, unter denen Diaz auf dieses Kap stößt, der heftige Sturm vor allem, bringen es mit sich, dass der erste Europäer diese Landmarke kurioserweise auf Kurs von Ost nach West erblickt, unterwegs vom fremden Indischen Ozean zum »heimischen« Atlantik, nach einer »blinden« Hinfahrt nun schon wieder auf dem Rückweg. Der vorzeitige Abbruch der Reise gerät Wochen später und 3000 Kilometer weiter nördlich zur Lebensrettung für eine andere Mannschaft. Duarte Pacheco Pereira hatte, ebenfalls aufgebrochen zur Erforschung der Westküste Afrikas, mit seiner Nao Schiffbruch erlitten. Die Männer harrten Monate auf der Insel Principe aus, die vor dem heutigen Äquatorial-Guinea liegt, im gleichnamigen Golf, als eine verzweifelte Gruppe Robinsons. Bis die Schiffe von Dias auf sie stießen. Diaz kehrt mit geretteten Seelen, aber unverrichteter Dinge zurück. Indien hatte er nicht erreicht. Vasco da Gama wird den Staffelstab übernehmen.

Blätter des Zimtbaumes. Das Gewürz wurde in Europa immer teurer, als der Handel über den Orient im 15. Jahrhundert ins Stocken geriet.

Die Gewürze

Im Anfang war das Gewürz.« Mit diesem Satz – es ist der erste in seinem Buch »Magellan – ein Mann und seine Tat« – meint Stefan Zweig nichts weniger als das: Nicht die reine Wissenschaft, auch nicht die edlen Metalle oder Edelsteine waren es, die das Zeitalter der Entdeckungen im ausgehenden Mittelalter einleiteten, sondern die – wie sie früher hießen – Spezereien: Muskatnuss, Nelken, Zimt und Pfeffer. Auch viele Historiker sehen dies so. George Masselmann betitelt sein Werk über die früheren Gewürzinseln und heutigen Molukken mit »Die Wiege des Kolonialismus«. Und in Rudolf Schröders Buch »Kaffee, Tee und Kardamom« heißt es ganz eindeutig: »Kein Ereignis hat bisher die politische und kulturelle Vergangenheit der Menschen mehr verändert als der Gebrauch und Handel mit tropischen Gewürzen.«

Wolfgang Schivelbusch geht in seinem Buch »Das Paradies, der Geschmack und die Vernunft« der Rolle der Gewürze in der ersten Hälfte des vergangenen Jahrtausends nach: »Für den mittelalterlichen Menschen sind die Gewürze Sendboten aus einer sagenhaften Welt. Das Aroma der Gewürze wird als Hauch verstanden, der aus dem Paradies in die menschliche Welt herüberweht. Die Gewürze als Verbindungsglied zum Paradies irgendwie im Osten vorgestellt – dieser Ursprung fasziniert die Phantasie des mittelalterlichen Menschen. Ihr extrem hoher Preis, in dem sich der langwierige Handelsweg niederschlägt, trägt ebenso zu dieser Faszination bei.« Nicht selten wurden Waren auch in »Gewürzwährung« gehandelt, zahlte man kostbare Anschaffungen oder Abgaben mit Unzen, Pfund oder Quart von Pfefferkörnern.

Gerade die Herkunft aus dem Osten erlaubt es, gewisse Parallelen zu ziehen zu unserer heutigen Abhängigkeit von den Ölförderländern. »So wie das Öl lebensnotwendiger Stoff für die Energieversorgung der Industrienationen ist, so sind die orientalischen Luxuswaren im Mittelalter notwendiges Requisit für den Lebensstil der europäischen Oberschicht«, schreibt Schivelbusch, »ohne Öl lässt sich der moderne Lebensstil nicht aufrechterhalten, ohne die Gewürze, Samt und Seide wäre die mittelalterliche Kultur nicht, was sie ist.« Gewürze und Öl haben Aufbruchsenergien mobilisiert wie kaum etwas anderes in der Geschichte.

Gewürznelken von den kleinen Vulkaninseln Ternate und Tidore im heutigen Ost-Indonesien gehörten im Abendland seit der Antike zu den großen Kostbarkeiten.

Welche Gewürze waren es, die die Welt seinerzeit buchstäblich bewegten? Kaum zu glauben, aber es handelte sich aus heutiger Sicht um eher unbedeutende Zutaten, nämlich vor allem um Nelken und Muskatnüsse. Damals wuchsen sie nirgendwo sonst als auf den Gewürzinseln.

Als Gewürz waren die Nelken Jahrhunderte vor unserer Zeitrechnung bereits in Indien und China bekannt. Schon in den Erzählungen von Sindbad dem Seefahrer tauchen die geheimnisvollen Gewürze auf. Auf verschlungenen Pfaden gelangten die Nelken auch zu den alten Ägyptern. Diese konservierten ihre Mumien damit derart kunstvoll, dass sie heute noch, Tausende Jahre später, in unseren Museen zu bewundern sind. 176 v. Chr. tauchen die Nelken sogar in einem römischen Gesetzestext auf. Von nun an waren sie bekannt als unbezahlbare Kostbarkeiten aus Indien.

Auch die wertvolle Muskatnuss lockte die ersten Entdecker auf ihre Weltreisen nach Hinterindien.

So lange der Orient offen war für den Zwischenhandel, war der Nachschub gesichert. Vor allem im 15. Jahrhundert erlebte der Gewürzebedarf in Europa einen geradezu orgiastischen Höhepunkt. Als Europa aus dem Mittelalter erwachte, konnte so mancher Taler nun für Luxusgüter ausgegeben werden. Irgendwann kam die Meinung auf, der Wein sei mit Nelken schmackhafter als ohne – und die Nachfrage stieg rasant an. Bald handelte es sich mehr um Gewürzlaugen als um Wein. Alles und jedes wurde mit Nelken und Ähnlichem versetzt. Würzen, zumal mit fernöstlicher Ware, war schick. »Die Speisen verschwinden regelrecht unter den Gewürzen, die Lebensmittel sind nicht viel mehr denn Vehikel für die Gewürze«, schreibt Schivelbusch, »an besonders kultivierten Tafeln haben sie sich sogar von den Speisen emanzipiert«. Auf goldenen Tabletts wurden sie während oder besonders nach dem Essen herumgereicht, fast wie eine Käse- oder Dessertplatte. Eines dürfte bei dem horrenden Verbrauch von Gewürzen wohl auch eine Rolle gespielt haben: Die Ausdünstungen der Menschen im Mittelalter ließen sich durch die Spezereien ein wenig neutralisieren. Nelken als Parfüm, Nelkenwasser als Mundwasser.

Die zweite begehrte Gewürzfrucht, die damals ausschließlich auf den Molukken wuchs, war die Muskatnuss. Neben der eigentlichen Nuss, dem Samenkorn mit ein, zwei Zentimetern Durchmesser, der zu Pulver verrieben als Speisegewürz dient, war auch der rötliche, ölige Samenmantel im Handel, der vor allem Gebäck verfeinert. Er war, in getrocknetem Zustand, als Geruchsspender und als Ingredienz von Parfüms begehrt. Ob auch Muskat schon im Altertum bekannt war, ist nicht bekannt. Wohl aber, dass der Verbrauch im Mittelalter bereits enorm hoch war. Beim Besuch Heinrichs VI. in Rom anlässlich seiner Kaiserkrönung 1191 waren, so berichten Chronisten, die Straßen durchwölkt von Gerüchen der Myristica (Muskat). Hoch gehandelt wurde die Frucht allemal. In England hatte ein Pfund Muskat den Wert einer halben Kuh.

Neben Muskat und Nelken, die beide bis in die Neuzeit hinein ausschließlich auf den Gewürzinseln wuchsen – Nelken auf den nördlichen Molukken um Ternate, Muskat auf den südöstlichen Banda-Inseln – gab es noch weitere Spezereien, die die Portugiesen und Spanier um die Welt ziehen ließen: Pfeffer, der vor allem an den Hängen der West-Ghats an der indischen Malabarküste wuchs, und dessen Herkunftsgebiet Vasco da Gama als erster Europäer direkt mit einem Schiff erreichte. Allerdings war in Europa schon der Guinea-Pfeffer aus Westafrika bekannt, dem die Portugiesen bei ihren ersten Vorstößen in Richtung Indien begegnet waren. Zimt wuchs nicht weit entfernt vom Malabar-Pfeffer auf der Insel Ceylon, dem heutigen Sri Lanka. Spätestens im Mittelalter hatte er sich bis nach Nordeuropa verbreitet, begehrt als Zusatz zu Speisen und Wein. Auch Vanille war im Mittelalter verbreitet – allerdings nur in Mittelamerika, ihrer Herkunftsregion. Europa lernte sie erst längere Zeit nach den Fahrten des Kolumbus kennen. Sie gehört mithin nicht zu den Gewächsen, die die Entdecker zu Beginn der Neuzeit antrieben.

Pfeffer von der Malabar-Küste. Vasco da Gama war der Erste, der ihn von dort mit dem Schiff nach Europa brachte.

Nach Westen oder nach Osten?

»Nicht Kap der Stürme soll die Südspitze von Afrika heißen, sondern Kap der Guten Hoffnung, denn nun unterliegt unsere Hoffnung, Indien auf dem direkten Seewege zu erreichen, keinem Zweifel mehr.« Das waren die Worte von Johann II., als Bartholomeo Diaz, gerade zurückgekehrt, am Weihnachtstag 1488 am Hof in Lissabon Bericht erstattet hatte.

Der Turm »Torre de Belém« an der Mündung des Tejo vor Lissabon. König Manuel, da Gamas Auftraggeber, ließ ihn errichten. Er sollte Portugals Macht zur See demonstrieren und diente gleichzeitig als Leuchtturm.

NACH WESTEN ODER NACH OSTEN?

Den letzten Wendepunkt auf dem Weg nach Indien, dem Johann in diesem Moment seinen bis heute gültigen Namen gab, hatte Diaz, vom Sturm verdriftet, erfolgreich aufgespürt. Doch für das Durchstarten zum Ziel hatten seiner Mannschaft nach den Unwettern Kraft und Mut gefehlt, ihm selbst wohl auch. Prinz Heinrich der Seefahrer, der zeit seines Lebens all seine Energie dem Erreichen des Kaps verschrieben hatte, ist zu diesem Zeitpunkt bereits seit 28 Jahren tot. Jetzt ist König Johann II., Heinrichs Neffe, an der Reihe, dessen Idee weiterzutragen.

Es geht nun nicht mehr um ein neues Etappenziel, sondern um den Vorstoß nach Indien selbst, dem klangvollen Inbegriff fernen Reichtums. Dass daran auch der große Rivale, der Nachbar Spanien, arbeitet, zeigt sich drei Jahre später, als nämlich König Ferdinand und Königin Isabella im Namen ihres Vereinigten Königreichs von Kastilien und Aragon den Genueser Christoph Kolumbus zur berühmtesten Fahrt der Entdeckungsgeschichte ausschicken, der ersten historisch verbürgten, die über den Atlantik führte. Auch am Hof von Lissabon war Kolumbus mit dieser Idee vorstellig geworden, 1483 schon, elf Jahre bevor er mit den spanischen Schiffen in See stach nach Westen, doch König Johann II. hatte es abgelehnt. Portugal hatte sich entschieden, ausschließlich auf den östlichen Seeweg zu setzen. Seit dem Aufbruch von Kolumbus heißt es nun: ein Ziel, zwei entgegengesetzte Richtungen.

Im selben Jahr, 1492, taucht zum ersten Mal jener Portugiese in den Chroniken auf, der sein Land wenig später den entscheidenden Schritt voranbringen wird in diesem Wettlauf: Vasco da Gama. Fast nichts weiß man über seine Jugend, nicht mal sein genaues Geburtsdatum ist bekannt. Um das Jahr 1469 soll es gewesen sein, in der Hafenstadt Sines, das immerhin ist gewiss. Seine Mutter stammt aus einer Familie mit englischen Wurzeln. Vater Estevao da Gama gehörte dem Ritterorden von Santiago an, kämpfte in Nordafrika gegen die Mauren und war später Alkalde, Gouverneur, der Regionen Sines und Silves im Süden des Landes, die im Besitz jenes Ordens waren. Die wohlhabende Familie da Gama verfügte über gute Beziehungen zum Umfeld des Königshauses, auch wenn man Vater Estevao zwischenzeitlich mit Kreisen in Verbindung brachte, die der Verschwörung gegen den König bezichtigt wurden. Es gibt Vermutungen, dass zunächst er, der Vater, den Auftrag erhalten habe zu jener großen Reise um Afrika und anschließend nach Osten, nach Indien. Doch Vater Estevao starb 1497, und nun sollte Sohn Vasco das Unternehmen leiten in Begleitung seines Bruders Paulo als Kapitän eines der beiden anderen Schiffe. Auch gibt es die Lesart, dass nach dem Tod des Vaters zunächst nicht Vasco, sondern sein Bruder Paolo die Flotte anführen sollte.

Vasco da Gamas Reise, die gemeinsam mit der Überfahrt des Kolumbus größte Entdeckungsfahrt an der Schwelle zur Neuzeit, ist für die Historiker über weite Strecken in Dunkel gehüllt. Abgesehen von seinen späteren Reisen nach Fernost könnte man behaupten, dass über seine Eltern heute mehr bekannt ist als über ihn

Vasco da Gama. Dieses Porträt aus dem Jahre 1524 wurde wenige Monate, bevor er in Indien starb, gemalt.

Erdumfang

Von seiner Idee des Westweges zu den Gewürzinseln im Osten konnte Christoph Kolumbus am portugiesischen – und zunächst auch am spanischen – Hofe niemand überzeugen. Dies lag aber nicht daran, dass man zu jener Zeit noch an der Kugelgestalt der Erde gezweifelt hätte. Die Befürchtung war vielmehr, dass der Genueser die Entfernungen unterschätzte. Als Urheber der Idee gilt der Arzt, Mathematiker, Astronom und Kartograf Paolo dal Pozzo Toscanelli aus Florenz.

Seit 1457 forderte er die Suche des westlichen Seeweges, nachdem er die Berichte von Marco Polo und anderen frühen Asienreisenden ausgewertet hatte. 1474 teilte er die Idee mit einer entsprechenden Karte dem Domherrn von Lissabon mit. Der gab sie an Portugals König Alfons V. weiter, der davon jedoch nichts hielt. Kolumbus hörte von Toscanelli, korrespondierte mit ihm und suchte fortan Geldgeber für die Überfahrt. Bis das Vereinigte Königreich von Kastilien und Aragon ihn endlich losschickte.

selbst. Dietmar Henze, Autor der voluminösen fünfbändigen »Enzyklopädie der Entdecker und Eroberer« drückt es so aus: »Noch immer gilt, was Fr. Hümmerich 1898 feststellte: ›Von Vasco da Gama eine Biographie im eigentlichen Sinne zu schreiben, ist mit dem heute vorhandenen Material nicht möglich.‹«

Was aber zeichnete Vasco da Gama aus, dass ausgerechnet ihm die Ehre zuteil wurde, nach Indien aufzubrechen? Und warum verstrichen nach der Rückkehr von Diaz so viele Jahre, bis der nächste Entdecker endlich lossegeln konnte? Die Forscher rätseln.

1492 will König Johann II. Schiffe der Franzosen angreifen, um den König in Paris zu bewegen, endlich etwas gegen Piraten aus seinem Land zu unternehmen. Entlang der westafrikanischen Küste treiben die Seeräuber ihr Unwesen, was zunehmend zum Problem für die portugiesischen Indienfahrer wird. Der König beauftragt Vasco da Gama mit der Attacke auf die Franzosen, die dieser im portugiesischen Hafen von Setubal und in einigen Häfen an der Algarve durchführt. Als Dank wird auch er in den Ritterorden aufgenommen. Einige Historiker vermuten heute, dass da Gama sich durch seine Scharmützel gegen die Franzosen am Hofe einen Namen machen konnte als durchsetzungsfähiger Mann, der sich anders als Diaz seine Ziele unterwegs nicht ausreden lässt von der Mannschaft. Aber kann dieses Unternehmen – die einzige Reise, die von da Gama sicher überliefert ist vor seinem großen Aufbruch und die nicht einmal über die heimatlichen Küsten hinausführte – allein ausreichend Ausweis der Fähigkeit, eine Flotte über unbekannte Meere zu unbekannten Gestaden zu führen, einmal um die halbe Welt, mindestens? Wohl kaum.

Einige sehen darin ihre These bewiesen, dass der Kommandant eines solchen Unternehmens gar keine nautischen Fähigkeiten haben musste im Portugal des 15. Jahrhunderts, dass vielmehr die Herkunft aus namhaftem Hause entscheidend war. Und dass für Navigation und technische Kommandoführung sowieso andere zuständig waren, die Kapitäne und Navigatoren der einzelnen Schiffe. Und tatsächlich: Die »Piloten« der Schiffe, mit denen da Gama 1498 aufbrechen wird, sind die besten, die das Land in jenen Jahren hatte: Pero de Alenquer, Joao de Coimbra, Pero Escolar und Afonso Goncalves.

Andere wiederum sehen geheimnisvolle Zusammenhänge. Die zehn Jahre Untätigkeit zwischen Diaz' Rückkehr und da Gamas Aufbruch sind eine Herausforderung für die historische Fantasie. Armando Cortesao zum Beispiel, Experte für frühneuzeitliche Karten, will aus Details portugiesischer Karten jener Jahre herauslesen, dass Vasco da Gama noch vor dem Jahr 1498 – vor dem Aufbruch zu seiner großen Fahrt – an geheimen Seefahrten teilgenommen hat und sie auch anführte im Auftrag des Hofes. Inzwischen regierte König Manuel. Cortesao meint, da Gama sei bei so einer Gelegenheit bereits auf der anderen Seite Afrikas angekommen. Auch ist von Ausfahrten über den Atlantik die Rede, die portugiesische Schiffe – unter dem Kommando da Gamas? – weit in Richtung Amerika oder sogar bis dorthin trugen, an die Küsten des heutigen Brasiliens. Mit dem Auftrag, die Meeresströmungen zu erforschen. Was immerhin den Mut erklären könnte, den da Gama 1498 findet, als er sich weit von der afrikanischen Küste entfernt, jenen gewaltigen Bogen nach Westen vollzieht und den Golf von Guinea umschifft.

Auch wenn es keine Gewissheit gibt – mancherlei spricht dafür, dass solche Ausfahrten tatsächlich stattfanden zu jener Zeit. Da ist zum Beispiel die Entwicklung neuer Schiffstypen, die erprobt werden müssen (siehe Kasten S. 80 ff.). Portugal und Spanien wetteifern hier bei der Ferti-

Die Kathedrale von Lissabon aus dem 12. Jahrhundert. Hier erhielt Vasco da Gama Anfang Juli 1497 den Segen für seine große Fahrt vom Bischof und von König Manuel.

gung von Prototypen, Naos und Karavellen, um auf hoher See besser gegen den Wind kreuzen zu können. Dass diese Reisen später nicht weiter bekannt werden, könnte einen einfachen Grund haben: Keines der beiden Länder will alle Logbücher ihrer Kapitäne öffentlich bekannt machen, denn seit dem Jahr 1494 ist die Welt in zwei Hemisphären aufgeteilt. Bereits Jahre zuvor hatte der Papst den Portugiesen und den Spaniern die Legitimation erteilt, neue Küsten und Länder zu erforschen und nebenbei auch für den christlichen Glauben – und Geschäfte in dessen Namen – in Besitz zu nehmen. Nun aber hat er in jenem Jahr den Vertrag von Tordesillas arrangiert und damit die östliche Welthälfte den Portugiesen, die westliche den Spaniern zum

Ausschwärmen im Namen Gottes zugeteilt. Geradezu unwahrscheinlich ist es, dass beide erbittert miteinander konkurrierenden Länder sich vollständig daran halten. Wer aber nach Vertragsabschluss sich in der Welthälfte des jeweils anderen herumtreibt, wird dies tunlichst geheim gehalten haben.

Wenn aber Cortesao aus alten Karten entnehmen will, dass die Portugiesen schon Mitte der 1490er-Jahre über den Verlauf der ostafrikanischen Küste im Bilde waren, so kann dies auch an einem Unternehmen liegen, das der Hof in Lissabon im Verborgenen parallel zu den portugiesischen Abenteuern zur See gestartet hatte: Pero de Covilha hatte 1487 den Auftrag erhalten, auf dem Landweg bis nach Indien vorzustoßen, zur selben Zeit, als Bartolomeo Diaz zum Kap aufbrach, ebenfalls mit dem Ziel Indien. Eine Alternative für die Schiffsroute rund um Afrika war es nicht, denn es ging ja darum, am Ziel den Frachtraum der dickbäuchigen Schiffe mit Tonnen von Gewürzen zu füllen und nach Hause zu schaffen. Covilha sollte in seiner Geheimaktion »lediglich« die Lage in Indien sondieren und in Ostafrika die Zwischenetappen ausloten – zu jener Zeit eine ebenso delikate wie herkulische Aufgabe. Covilha erledigte die Order mit Bravour, auch wenn er selbst nie wieder in die Heimat zurückkehrte. Stattdessen vermochte er es, immer wieder aufschlussreiche Dossiers nach Lissabon zu senden. Er sorgte dafür, dass Vasco da Gama nicht überall ins Ungewisse segelte, dass er eine Ahnung hatte von den Verhältnissen im nördlichen Teil von Afrikas Ostküste (siehe S. 84).

Anfang Juli 1497, an einem klaren, warmen Sonntag in Lissabon, ist nahezu die ganze Stadt auf dem Platz vor der Kathedrale versammelt. König Manuel und mit ihm der gesamte Hof sitzen im Gotteshaus, nahe dem Chor hinter einem gewaltigen roten Vorhang aus Samt, abgeschirmt von den Blicken der anderen. Auf den Bänken direkt davor haben die Anführer der nun unmittelbar bevorstehenden Fahrt in die andere Hemisphäre Platz genommen, Vasco da Gama und seine Kapitäne, allesamt vornehm gewandet. Im Hauptschiff der Kirche dann der Adel und die zahlreichen vornehmen Handelsleute der Stadt, auch die Astronomen, die Kartenzeichner. Auch Martin Behaim ist zugegen, jener gebürtige Nürnberger, den es in den äußersten Südwesten Europas verschlagen hat.

Mit inbrünstiger Stimme, die von den hohen Wänden der Kirche widerhallt, bittet der Bischof von Lissabon in seinem Hochamt um Gottes Beistand für die Fahrt. Um die Suche nach Christen und Gewürzen solle es gehen, mit dem Segen Roms. Don Vasco und seine Schiffe mögen den rechten Glauben in ferne Länder tragen, Gottes Wort verbreiten, welchen Ländern und Völkern sie auch begegnen würden. Draußen, vor dem Westportal, drängt sich derweil das gemeine Volk, das auch berührt ist von der Größe des bevorstehenden Unternehmens. Die Älteren unter den Umstehenden wissen noch das eine oder andere mitzuteilen, was sie von vergangenen Afrikafahrten aufschnappen konnten, die nun schon über ein Jahrzehnt oder länger zurückliegen. Feierliche Ergriffenheit herrscht auf dem Platz vor der Kathedrale und in den einmündenden Gassen.

Die Gebete sind lang an diesem Tag, viele Menschen und viele Wägbarkeiten und Unwägbarkeiten sind in sie eingeschlossen. Als sie gesprochen sind, tritt König Manuel vor den Vorhang, spricht ausführlich mit da Gama und seinen Kapitänen. Sie alle knien vor ihrem König. Bald lockert sich die Stimmung. Mut und Zuversicht greifen um sich. Die Glocken nicht nur der Kathedrale, sondern der ganzen Stadt läuten durch die Straßen bei der anschließenden Prozession, immer lauter jubelt das Volk. Zum königlichen Palast geht es, wo Vasco dem Herrscher und seiner Gemahlin noch einmal kniend die Hand küssen darf. Bald darauf aber ziehen die Massen hinunter zu den Schiffen, die bereits reich beflaggt warten. Vasco da Gama besteigt einen Araberhengst, er und seine Kapitäne reiten dem feierlichen Zug voran, direkt hinter ihnen die Mannschaften der Schiffe, ausgesuchte Seeleute, auch andere Männer verschiedenster Berufe.

Weil nicht genügend gemeines Bootsvolk zusammenkam, rekrutierte die Casa da Guinea – die damalige Behörde für Fahrten nach Übersee – auch einige wenige Männer aus dem Gefängnis, denen man für die Teilnahme an der Fahrt Strafnachlass gewährte. Zwölf Verbannte oder sogar zum Tode Verurteilte wird man mitnehmen, für delikate Sondierungen in fernen Ländern, für die Kontaktaufnahme mit womöglich feindlichen Völkern, bei denen Geiselnahmen oder noch Schlimmeres geschehen könnten. Den Mannschaften – in den Augen der Lissaboner eine Mischung aus Helden und Hasardeuren – folgt alles aus der Stadt, was gehen kann, zum Hafen hinunter. Er war damals einer der größten der Welt. Als da Gama ankommt, geben Schiffskanonen Salutschüsse ab.

Bis in den Abend hinein dauert die Einschiffung der etwa 170 Seeleute. Herzzerreißende Szenen spielen sich ab, wenig später wird man den Kai »Ufer der Tränen« nennen. Die Leinen werden losgemacht – doch es geht zunächst nur ein paar Meilen flussabwärts, langsam, als wollte man dem feierlichen Moment gerecht werden. Bis zur Mündung des Tejo segelt die Flotte nur. Etwa bis dorthin, wo heute noch der burg-

Abfahrt Vasco da Gamas nach Indien im Hafen von Lissabon.

artig anmutende, viereckige Turm Torre de Belém alle Schiffe begrüßt, die nach Lissabon einlaufen. Er ist eines von wenigen Gebäuden aus dem frühen Zeitalter der Entdeckungen, die in Lissabon das große Erdbeben von 1755 überstanden, abgebildet in jedem Reiseführer und Prospekt. In Auftrag gegeben wurde die berühmte Landmarke noch von König Manuel selbst, als Symbol für Portugals Macht zur See und als Leuchtturm. In seinem Todesjahr 1521 wurde er fertiggestellt. Nach ihrer Ausfahrt aus Lissabon wirft die kleine Flotte hier noch einmal Anker, um auf günstige Winde zu warten.

Als König Manuel dies übermittelt wird, reitet er mit Gefolge aus der Stadt herbei, ein Zeichen dafür, dass das Unternehmen oberste Priorität genießt im Land. Er will Vasco und seinen Kapitänen noch die Ehre seiner Gesellschaft zuteil werden lassen und dem Moment des endgültigen Aufbruchs persönlich beiwohnen, der sich allerdings noch um drei Tage verzögert. In dem alten Kloster, neben dem der berühmte Turm später erbaut werden wird, bezieht der König Quartier. Draußen, im Tejo, liegen sie, die vier Fahrzeuge für den Durchstich zum alles bedeutenden Ziel, um das Spanien und Portugal, die europäischen Supermächte des 15. Jahrhunderts, wetteifern. Vorn, der offenen See am nächsten, ankert die »Sao Gabriel«, das Flaggschiff da Gamas, es folgen die »Sao Rafael«, das Schiff seines Bruders Paolo, die »Berrio«, kommandiert von Nicolas Cœlho, und das Proviantschiff, die mächtige 200 Tonnen verdrängende »Pedro Nunez« mit Wein, Mehl, haltbarem Gemüse, gepökeltem Speck, Hühnern und anderem Schlachtvieh, Arzneien, Schießpulver, Kanonenkugeln, Segeltuch, Rahen, Kilometern an Tauwerk und tausend anderen Dingen. Als fünftes Schiff hat sich noch die »Flor del Mar« eingereiht, das Schiff von Bartolomeo Diaz, der als erfahrener Afrika-Segler die ersten Etappen mitsegeln will. Sein Bruder Diogo wird auf da Gamas Flagschiff »Sao Gabriel« als Schreiber mitreisen.

Am Vormittag des 8. Juli ist es so weit. Vasco da Gama gibt den Befehl zum Ankerlichten. Der Nordostpassat, der Normalfall in dieser Meeresregion, hat über Nacht wieder die Herrschaft über das Geschehen auf offener See übernommen. Zusammen mit der Meeresströmung, die in ähnlicher Richtung verläuft, verspricht der Wind die Flotte zu ihren ersten Zielen zu befördern, den Kanarischen und den Kapverdischen Inseln, Kap Bojador. König Manuel begleitet die Karavellen und Naos so weit, wie es seine kleine Barkasse erlaubt. Als die Wellen stärker werden, lässt er sein Schiffchen zurückfallen. Erneut erschallt der Salut. Als nur noch Masten über dem Horizont zu sehen sind, betet der König und kehrt zurück in seinen Königspalast in Lissabon.

Nun beherrscht Vasco da Gama allein das Geschehen. Auf seiner ersten größeren Seereise gleich als Kommandant. Stimmt die Vermutung, dass er 1469 geboren wurde, steht er gerade einmal im 28., höchstens jedoch im 29. Lebensjahr. Würde ein Monarch einem so jungen Mann diese Verantwortung aufbürden? Was jene, die so fragen, außer Acht lassen: War Manuel I., der König, der Vasco nach Indien schickte, nicht genauso jung? Bei ihm ist das Geburtsjahr 1469 verbürgt, und warum sollte er seinem eigenen Jahrgang misstrauen?

Vascos Reise beginnt verheißungsvoll. Moderate Rückenwinde, die die Leinensegel mit dem roten Kreuz blähen, gute Strömung und klare Sicht, so dass die Karavellen oft genug auf Rufweite nebeneinander segeln können. Noch sind die Mannschaften gesund, oft genug signalisiert Gesang gute Stimmung. Die Kanarischen Inseln kommen in Sicht. Doch das Kommando verzichtet auf einen Landgang. Nur um den Nachschub für die

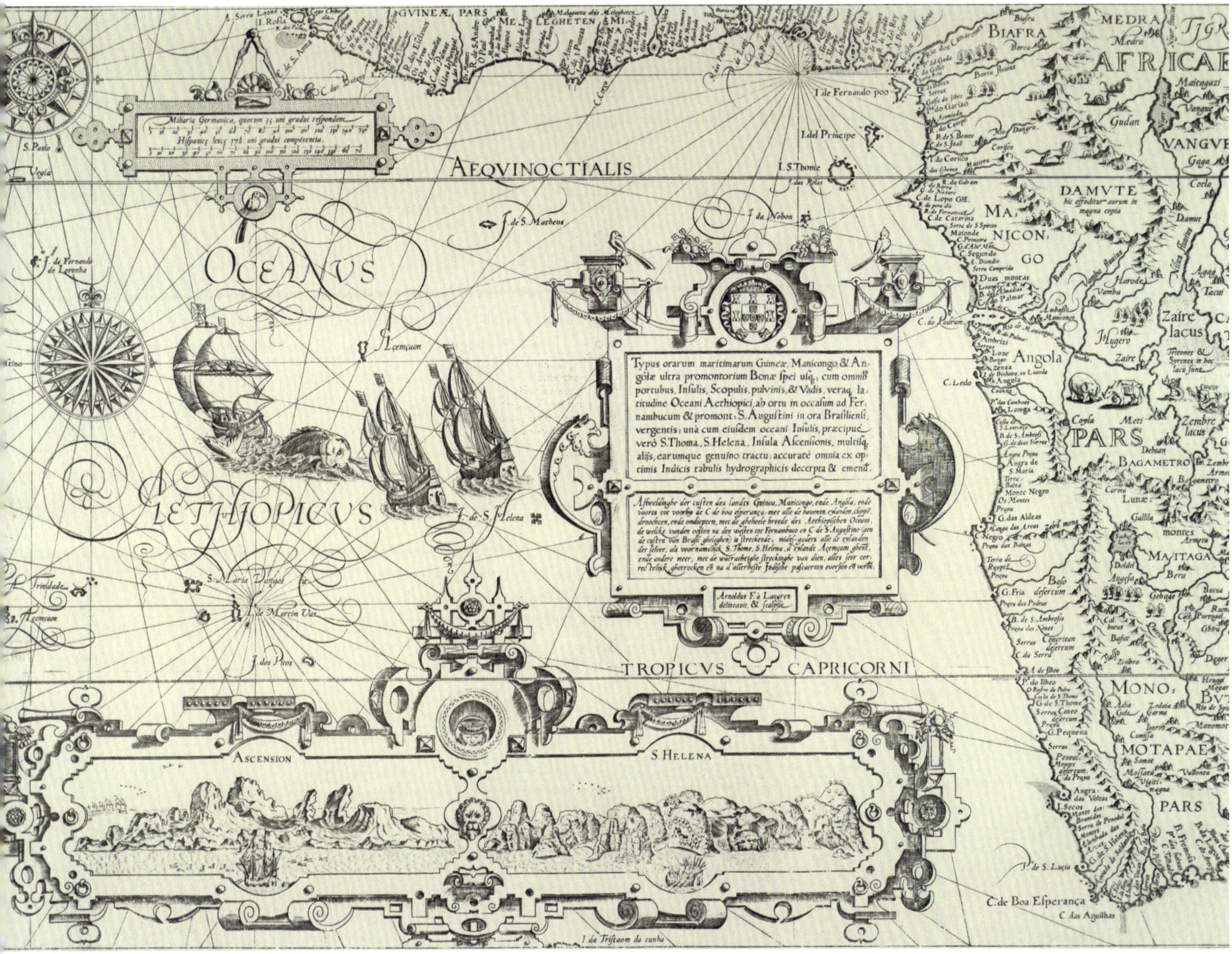

Schiffsköche kümmern sich einige aus der Besatzung, werfen in den fischreichen Inselgewässern Angeln und Netze aus.

Am Abend allerdings, an dem die Kanaren außer Sicht geraten, kommt der erste Zwischenfall: »Dann wurde die Dunkelheit so groß, dass Paolo da Gama sich von dem ganzen Geschwader weg nach dem einen Ende verlor und der Kommandant nach dem anderen. Und als es Morgen war, hatten wir weder Sicht von ihm noch von den anderen Schiffen«, schreibt jener unbekannte Chronist an Bord der »Sao Rafael«, der vielleicht Alvaro Velho hieß. Ist die Flotte auseinandergerissen, ohne Aussicht auf Kommunikation zwischen den Fahrzeugen? Dieses Mal haben die Schiffsführer noch eine Chance: Noch bewegt man sich in bekannten Gewässern, und sicherheitshalber hatte da Gama für diesen Fall den Befehl ausgegeben, die Kapverden anzulaufen und dort auf die anderen zu warten.

Eine Woche Ungewissheit folgt für die Mannschaften. Beunruhigende Tage sind es für den jungen Vasco da Gama an Bord seiner »Sao Gabriel«. Ist sein Plan vom Übertritt in die andere Welthälfte schon beendet, bevor er überhaupt beginnen kann?

Karte der südwestafrikanischen Küste von Anfang des 17. Jahrhunderts. 50 Jahre lang tasteten sich die Portugiesen hier immer weiter südwärts, bevor Bartolomeo Diaz das andere Ende des Kontinents fand.

Kapstadt vor der Gebirgskette mit dem Tafelberg am Kap der Guten Hoffnung. Bartolomeo Diaz erblickte ihn erstmals 1488 – von Osten kommend, nachdem er zuvor im Südmeer die Orientierung verloren hatte.

Die Erlösung kommt auf den Kapverdischen Inseln, wo man wieder zusammenkommt. Diaz verabschiedet sich, bricht in Richtung Goldküste auf, und gemeinsam segeln die anderen vier Schiffe hinüber zur fruchtbaren Kapverden-Insel San Jago. Eine Woche Rast gönnt der Kommandant dort seinen Mannschaften. Frisches Wasser können sie bunkern, die Vorräte im Proviantschiff auffüllen und erneuern. Erste kleine Schäden am Rigg der Schiffe werden repariert. Noch bei bester Stimmung der Seeleute. Am Ende des Aufenthalts ist der erste Monat der großen Reise vergangen.

Die Kapverden haben sich inzwischen zu einer festen Etappe der Portugiesen bei ihren Vorstößen in Richtung Kap entwickelt – auf Breitengraden, die vor gar nicht so langer Zeit noch als unerreichbar, erst recht als undurchfahrbar in Richtung Süden galten, als tödliches Terrain. Der Aufenthalt ist Routine. Das Anschließende nicht. Da Gama folgt von den Inseln aus einer Spur, die zu jenen Tagen noch gar nicht gelegt ist, jedenfalls nicht offiziell. Wer hat ihm gesagt, er müsse hier Kurs nehmen nach Südwest, um den Südosten zu erreichen? Was weiß da Gama? Verfügt er über geheime Karten?

Auch Vasco da Gamas Schiffe hatten rund um die Südspitze Afrikas mit schwerem Seegang zu kämpfen. Im Hintergrund ist – deutlich überzeichnet – der Tafelberg zu erkennen.

Auf wundersame Weise scheint der Portugiese im Bilde zu sein über den großen Kreislauf der Meeresströmungen, der im Südatlantik gegen den Uhrzeigersinn dreht, der alles, was von den Kapverden sich ihm anvertraut, in eine Art gigantischen Mahlstrom nimmt – den Kundigen aber auch zu seinem Ziel führt.

Betagtere Seeleute oder Maate, die vielleicht schon mitgesegelt sind mit Diaz, mit Cao oder jenen anderen, die sich von Flussmündung zu Flussmündung und in Sichtweite zur afrikanischen Küste nach Süden herabtasteten, staunen nun jedenfalls über den neuen Kurs Südwest. Eine Richtung, die doch nur ins Nichts führen kann. Keiner kann sich vorstellen, was es bedeuten würde, diesen Kurs beizubehalten. Die einen nehmen es mit vertrauensvollem Fatalismus, andere mit Bedrückung. Fast alle haben keine Ahnung, wohin es geht.

Aber sind die Furchtsamen nicht im Recht? Die ersten Tage ist es Verwunderung, die ersten Wochen bringen Bedrückung, Zweifel. Als es Monate sind, einer, zwei, zweieinhalb ohne Landsicht, kommt Unmut auf in der Besatzung. Das frische Wasser ist verbraucht oder verdorben, die Gesundheit der Seeleute verschlechtert sich zusehends. Skorbut, der lähmende, verzehrende Vitaminmangel, macht sich breit. Erinnerungen und Erzählungen kommen darüber auf, dass Bartolomeo Diaz von seinen Mannschaften irgendwann, irgendwo auch zur Umkehr gedrängt wurde. Und dass die Besatzung damit durchkam. Getuschel wird zum Murren. Drei Monate ist man unterwegs im landlosen Raum, umgeben von Wellenbergen und hier und da mal einer Fata Morgana. Es gibt kein Rechts und Links, kein Vorn und Hinten, nur unten das Meer und oben den Himmel. Auch dies vergleichbar mit dem, was 500 Jahre später die Mondfahrer Armstrong und Aldrin berichten werden: dass sie unterwegs vollkommen ohne Orientierungspunkte waren. Aus ihren Luken war außer tiefem Schwarz nichts zu sehen, kein Vorn, Hinten, Oben oder Unten. Eine Leere, die noch durch die Schwerelosigkeit verstärkt wurde – für sie allerdings nur für drei Tage bis zum Mond, Vasco da Gama und seine 160 Männer sind drei Monate ohne Landmarke unterwegs.

Langsam, unmerklich für die allermeisten, ändert sich der Kurs. Aus Südwest wird Süd, aus Süd dann Südost, die Meeresströmungen scheinen den Weg vorzugeben. Hatte Vasco da Gama eine Ahnung von diesen Strömungen, vom

Karte der Südostküste Afrikas aus dem Jahr 1596, knapp 100 Jahre nach der Fahrt Vasco da Gamas, der sie wohl als erster Europäer entlangsegelte. In Malindi nördlich von Mombasa verließ er die Küste und nahm Kurs Ost nach Indien.

Kreislauf des Meeres? Woher nimmt er die Sicherheit, dass der Kurs Südwest, weitab vom Land, ihn schneller ans Ziel bringen wird, das schließlich in entgegengesetzter Richtung liegt, nämlich in Nordost? Nur zweieinhalb Jahre später wird der Portugiese Pedro Alvarez Cabral ebenfalls Kurs Südwest nehmen hinter den Kapverden auf dem Weg nach Indien und dabei sogar Brasilien entdecken. War auch er ein Ahnungsloser, wie die offizielle Entdeckungsgeschichte schreibt? Oder waren die Seefahrer aus Lissabon, damals das Weltzentrum der Kartografie, auch der geheimen, besser im Bilde, als wir uns heute träumen lassen – da Gama, Cabral und die anderen?

Noch aber ist November 1497, und irgendwann, weit im Süden, liegen Vasco da Gamas Schiffe schließlich auf Ostkurs. Was den Mannschaften auffällt: Dennoch, trotz Ostkurs, sehen sie zur Mittagszeit die Sonne auf der linken Seite. Für viele Seefahrer, auch erfahrene, ist dies eine verkehrte Welt. Die Meeresströmungen drehen anders herum als im Norden, die Sonne steht auf der falschen Seite – und obendrein werden die Tage nun, obwohl es doch Ende Oktober ist und auf Weihnachten zugeht, immer länger. Man ist in einer anderen Hemisphäre, in einer Welt mit eigenen Gesetzen, soviel steht fest. Aber wo?

Am 1. November durchschneiden die Schiffe ein Meer von immer dichter werdendem Tang, ein Zeichen, dass man sich einem Küstengewässer nähert, die stets fruchtbarer sind als die hohe See. Tage zuvor schon hatte man Seehunde und Seelöwen gesichtet, die sich in der Regel nie sehr weit vom Land entfernen. Auch ein Lot, das die Männer in die Tiefe halten, deutet auf eine nahe Küste. Schon bei 190 Faden, umgerechnet etwa 350 Meter, berührt es den Grund. Drei Tage später kommt vom Mastkorb der »Sao Gabriel« der Ausruf: »Festland voraus!«

Nachdem in den Tagen und Wochen zuvor schon mancher unter den Seeleuten sehnsuchtsvoll die eine oder andere Wolke als Küstengebirge ausgemacht hatte, bleiben die Wachhabenden zunächst skeptisch. Die kränkelnden, teilweise im Skorbut siechenden Mannschaften unter Deck haben ohnehin viel zu viel mit sich selbst zu tun, als dass sie bei jeder geäußerten Vermutung an die Reling springen würden. Doch noch während die Schiffsoffiziere auf dem erhöhten Achterkastell darüber diskutieren, ob der Ausguck recht hat, ertönt von der achtern liegenden »San Rafael« ein mächtiger Böllerschuss. Dort ist man sich offenbar sicher: Land in Sicht! Die dreimonatige Fahrt mit ausschließlichem Meerblick ist beendet.

»Darauf vereinigten wir uns alle und grüßten den Kommandanten mit vielen Flaggen und Wimpeln und Salutschüssen, und wir waren alle dabei festlich angezogen«, ist in dem Buch Velhos zu lesen. Drei Tage Fahrt nach Süden dauert es noch, bis sie einen geeigneten Ankerplatz finden, von dem aus man anlanden konnte. »In diesem Lande wohnen Menschen von brauner Hautfarbe, die sich von Seelöwen ernähren«, heißt es weiter in den Aufzeichnungen, die auch andeuten, mit welcher Haltung man im ausgehenden 15. Jahrhundert mit den Bewohnern unbekannter Gestade umzugehen pflegte, was man mit der eigenen Neugier rechtfertigte, und auf welchen Gleichmut man dennoch damals bei den Afrikanern stieß – wenn man dem Tagebuch jenes Schreibers glauben will: »Einen Tag, nachdem wir Anker geworfen hatten, gingen wir mit dem Kommandanten an Land und fingen einen Eingeborenen. Dieser war klein von Gestalt und ähnelte Sancho Mexia, einem Mitglied unserer Besatzung. Wir nahmen unseren Gefangenen mit aufs Schiff des Kommandanten, der ihn dann zu sich an den Tisch setzte, und von allem, was wir aßen, aß er auch. Am folgenden Tag ließ der Kommandant ihm schöne Kleider anziehen und ihn wieder an Land bringen. Tags darauf kamen vierzehn oder fünfzehn von ihnen dorthin, wo wir die Schiffe liegen hatten. Vasco da Gama ging an Land und legte ihnen verschiedene Waren vor, um zu erfahren, ob ihr Land irgendeine davon hervorbrächte, und zwar Zimt und Gewürznelken, Edelsteine und Gold und noch andere Dinge, aber sie verstanden nichts von den Waren.«

Etwas nördlich vom heutigen Kapstadt sind sie auf Afrika gestoßen, in der Bucht Sao Helena wohl. Noch 200 Kilometer weiter südlich, und sie wären auf ihrem Ostkurs ins Leere gesegelt, in den endlosen Indischen Ozean, so wie es vor ihnen Diaz ergangen war. Doch da Gama hat Pero de Alenquer an Bord, einen Offizier, der bei der Reise von Diaz dabei war, als dieser die Küste auf der Rückfahrt streifte, und der sie wiedererkennt. Als sie an ihrem Ankerplatz die Schiffe überholen und Trinkwasser fassen, bemühen sie sich in den nächsten Tagen noch ein wenig, andere Waren zu handeln – Kupfermünzen gegen Muscheln, Metallringe gegen Schwänze vom Kapfuchs. Allerdings geraten sie auch in

einen Hinterhalt, als sie mit allzu großem Vertrauen unbewaffnet an Land gehen. Wenig später lichten sie die Anker und versetzen ihre Schiffe in die nächste Bucht, wo sie – wie vor der Abfahrt bereits geplant – das Proviantschiff abtakeln, alles, was für die weitere Fahrt noch brauchbar erscheint, ausschlachten und die Vorräte auf die restlichen Fahrzeuge aufteilen.

Die Südspitze Afrikas ist erreicht, nach Diaz zum zweiten Mal von portugiesischen, wohl von abendländischen Schiffen überhaupt. Von hier an befährt die auf drei Schiffe reduzierte Flotte nur noch unbekanntes Gebiet und – auch das war allen klar – eine neue Hemisphäre, die Rückseite des unbekannten Kontinents, der bisher ihre Welt begrenzte. An ihr entlang tastet sich Vasco da Gama mit seinen Mannschaften nun nordwärts, gelangt aus gänzlich unbekannten Regionen mit fremdartigen Menschen in Breiten, in denen von Bucht zu Bucht, von Land zu Land immer deutlicher wird, dass man in den arabisch-muslimischen Kulturkreis vorstößt, der offenbar zwischen dem Meer, in dem sie nun segeln, und dem Abendland, ihrer Heimat, liegt. Bislang war alles nur Um-

weg, wie die Lage der Kontinente ihn erzwang. Nun, wieder im Angesicht des Großen Bären und anderer nördlicher Sternbilder, wollen sie erneut weiter nach Osten, ihrer eigentlichen Mission folgend, hin zur nächsten Rückseite der Welt.

Vor Melinde, der letzten Station in Afrika nördlich von Mombasa, lichten sie am 24. April 1498 die Anker mit Kurs Asien. Ziel ist die indische Hafenstadt Kalikut. Der Monsun macht es möglich, bläst die Schiffe im Sommer von Afrika nach Indien, in den Wintermonaten in die andere Richtung. Seeleute, die dies befolgen, haben es leicht. Das weiß auch der Lotse, der in Melinde an Bord von da Gamas »Sao Gabriel« geht. Ahmed Ibn Majid ist zwar Araber, aber er war öfter schon in Kalikut. Ab April wehen die richtigen Winde für den neuen Kurs.

Nicht nur Ibn Majid kennt Kalikut. »Von dieser Stadt hatte unser König Kenntnis«, vermerkt der Schreiber Velho, und damit auch Vasco da Gama. Manuel I. hatte regelmäßig Briefe und Depeschen erhalten von Pero de Covilha, in denen auch von Kalikut die Rede war als Brückenkopf des transozeanischen Handels im indischen Meer und als Sitz des mächtigen Herrschers, des Zamorin, aber auch vieler arabischer Kaufleute. Wie würden sie reagieren, wenn sie befürchten mussten, dass ein Abendländer ihnen das Handelsmonopol streitig machen will?

Knapp einen Monat sind die drei Schiffe unterwegs auf Kurs Ostnordost. Zwischenfälle meldet unser Chronist nicht. Auch schreibt er nichts darüber, wie die Flotte die dichte Inselkette der Lakkadiven unmittelbar vor der indischen Küste durchkreuzt. Am 18. Mai stoßen sie auf Land. »23 Tage hatten wir kein Land mehr gesehen«, wundert sich Alvaro Velho, »obwohl wir in dieser Zeit ständig günstigen Wind gehabt haben. Wir müssen mindestens 600 Leguas bei unserer Überfahrt zurückgelegt haben«, was aus heutiger Sicht für die Entfernung von Malindi nach Kalikut nicht schlecht geschätzt war.

Doch noch ist man nicht in Kalikut. Der Lotse erkennt schon bald, dass man etwas zu weit nördlich angekommen ist, jedoch unwesentlich, wenn man die weite Distanz auf See berücksichtigt. Zwei Tage noch und man liegt vor Kalikut, dem Ziel Vasco da Gamas, das nun hinter Palmen erscheint. Es sind noch nicht die Gewürzinseln selbst, die Heimat der Nelken und Muskatnüsse. Noch längst nicht. Doch der Gipfelpunkt seiner Mission ist erreicht. Er muss nur noch an Land gehen.

Da Gama in Melinde, seiner letzten Station in Ostafrika vor der Schlussetappe nach Indien. Hier ist er auf dem Weg zum Sultan der Stadt, der ihn freundlich empfängt.

CALECHVT CELEBERRI:
MVM INDIÆ EMPORIVM.

Intrigen an der Pfefferküste

Es ist der 20. Mai 1498, abends. Die ersten Schiffe aus dem Abendland, aus Europa, liegen vor der Küste Indiens. Der erste Landgang steht bevor, am nächsten Morgen. Ein Schritt wie manch ähnlicher in der frühen Neuzeit an gänzlich unbekannte Ufer mit unbekannten Völkern, unbekannten Kulturen und, wer weiß, vielleicht ja auch Hinterhalten und anderen Fährnissen. Vasco da Gama ist für diesen Zweck mit einer Art Versuchskaninchen ausgestattet: jenen Verbannten und zum Tode Verurteilten, die man eigens für diesen Zweck aus den Kerkern Lissabons für die Reise rekrutiert hatte.

Ansicht von Kalikut aus dem 16. Jahrhundert. Hier ließ Vasco da Gama 1498 die Anker fallen. Er persönlich zögerte zunächst mit dem Landgang.

INTRIGEN AN DER PFEFFERKÜSTE

Der Lotse hatte während all der Tage, da er die Schiffe über den Ozean geleitete, von der großartigen Stadt erzählt. Was wird nun den ersten europäischen Seemann erwarten, der seinen Fuß in diese Stadt setzt? Niemand aus dem Abendland kam bislang über das Meer hierher, und die mutigen Weltenwanderer, die sich damals über Land in jahrelangen Reisen bis hierher durchschlugen, sind an einer Hand abzuzählen. Manche, die von dieser Gegend später in der Heimat berichteten, wie etwa Marco Polo, sahen sich damals und sind bis heute, lange nach ihrem Tod, dem Verdacht ausgesetzt, ihre Aufzeichnungen seien erfunden, sie selbst seien nie da gewesen, hätten ihre Geschichten nur vom Hörensagen niedergeschrieben. Auch Ibn Battuta, ein muslimischer Weltreisender aus Marokko, der anderthalb Jahrhunderte vor Vasco da Gama an der Malabarküste entlangzog, hat über die Jahrhunderte hinweg bei einigen Zweifel geweckt am Wahrheitsgehalt seiner Fahrten. Battuta hat die fast unglaublichen Erlebnisse zwischen Afrika und China, die ihm während seiner 28 Jahre dauernden Reise über 120 000 Kilometer widerfuhren, recht bald nach seiner Rückkehr veröffentlicht. Vasco da Gama kennt das Buch wohl, als er vor Kalikut liegt.

Ibn Battuta hatte geschrieben, die Stadt habe »einen der größten Häfen der Welt«. Das immerhin klingt nicht unglaubwürdig. Die Region rund um die Südspitze Indiens ist Zwischenstation im damaligen Ost-West-Handel quer über den Indischen Ozean, und Kalikut ist auch zu da Gamas Zeiten noch eine seiner großen Drehscheiben. Östlich davon sind die Chinesen die maßgeblichen Kaufleute. Im Westen dagegen, zwischen Indien und Vorderasien ist der Araber Herr über das Geschäft zur See. Battuta berichtete vom Sultan von Kalikut, von Ibrahim Shad-Bandar aus Bahrein, der in Kalikut Zunftvorsteher der Kaufleute war, von Fahrd ed-Din Otman ld als oberstem Richter, von einer Stadt in der Hand von Vorderasiaten. Und von dem allmächtigen Reeder Mitkal, »dessen Name weithin bekannt« und der ein »vermögender Mann« ist, mit vielen Schiffen »für seinen Handelsverkehr mit Indien, China, Jemen und Fars«, einer 3000 Jahre alten Gewerbestadt in Persien. Die Strukturen mit ihren oligarchischen Elementen erinnern heute an die Zeiten des Kolonialismus, des europäischen Imperialismus.

Nicht nur von Ibn Battuta, auch von seinem eigenen Landsmann Pero de Covilha hatte da Gama Kunde über Kalikut bekommen. Möglicherweise hat er auch von dem italienischen Diplomaten Niccolo di Conti gehört, der in der ersten Hälfte des 15. Jahrhunderts eigens eine Muslimin heiratete, um über den Orient nach Indien reisen zu dürfen – was Nichtmuslimen untersagt war, um das Handelsmonopol der Araber nicht zu gefährden.

Am Morgen des 21. Mai 1498 liegen die »Sao Gabriel«, die »Sao Rafael« und die »Berrio« vor Kalikut. Die Sonne steigt zügig über die hohen Vorgebirge unweit der Küste, die West-Ghats – ein Höhenzug, der sich mehrere Tausend Kilometer weit nach Norden hinzieht. Er steigt hinter der Stadt bis auf über 1000 Meter an. In gut 100 Me-

Palmen an der Pfefferküste. Im 15. Jahrhundert herrschte hier der Zamorin, heute gehört der Strand zum indischen Bundesstaat Kerala.

Der Marokkaner Ibn Battuta (im Bild rechts) hatte Indien bereits im 14. Jahrhundert bereist, als die muslimischen Mauren auf der Iberischen Halbinsel noch sesshaft waren. Da Gama hatte höchstwahrscheinlich von ihm gehört.

tern Entfernung scheinen die Häuser hinter dem weiten Sandstrand zwischen dem dichten Palmengürtel hindurch. Viele einfache, flache aus Holz darunter, aber auch recht stattliche aus rötlich schimmerndem Granitstein. Hier und da zeugen Minarette, so hoch wie die Palmen, von Moscheen, und damit von der besonderen Stellung der Muslime. Daneben tempelartige Gebäude, aus Sandstein errichtet, das Dach mit Ziegeln gedeckt, mit Türmen ausgestattet. Auch ein größerer, halb offener Bau inmitten eines Gartens, vielleicht der Palast jenes Zamorins, der hier herrschen soll über Stadt und Land.

Alles dies deutet die Baukunst an in diesem so fremden Land. Welch ein Gegensatz zu jenem Bild, das von den Reisen des Christoph Kolumbus nach Portugal gedrungen war. Auch Kolumbus hatte vor fünf Jahren, nach der Rückkehr von seinem Vorstoß über den westlichen Ozean, geltend gemacht, er sei in Indien angekommen. Doch sollte das Inselreich, auf das er dort, hinter dem großen Meer, gestoßen war, mit all seinen primitiven Hütten und gänzlich ohne Städte, zu demselben Indien gehören, vor dem da Gama jetzt mit seinen vier Schiffen vor Anker liegt? Zweifel kommen auf bei den Portugiesen. Von den Schiffen im Hafen, so viel ist auch von draußen, von ihrem Ankerplatz aus zu erkennen, sind einige größere eindeutig für den Fernhandel bestimmt. Viele Daus, auch eine chinesische Dschunke. Auch eine Werft für den Bau stattlicher Schiffe befindet sich dort hinten an der Küste, jenseits der Stadt.

Doch wie prächtig er auch immer sein mag, der Blick, der sich Vasco da Gama am Morgen nach dem Erreichen seines Ziels auf die Stadt bietet: Er bringt wenig Aufschluss darüber, wie sich der Empfang wohl gestalten würde. Selbst dann nicht, als sie Besuch bekommen, zum zweiten Mal seit der Ankunft am Vorabend. Auch da waren sie schon herbeigesegelt in vier Barken, Dutzende von Indern. Wieder schauen sie nun neugierig, versuchen sich verständlich zu machen. Sie deuteten auf die Stadt. Aber ist das ein gutes Zeichen? Kalikut wird den Europäern ein dramatisches Wechselspiel von Freundlichkeit und Feindseligkeit bieten – eines, zu dem der Orient, der nahe wie der ferne, viele Reisende nach da Gama herausforderte.

Alle Schiffsführer und da Gama versammeln sich, um zu beraten. Auf der »Sao Rafael«, weil deren Kommandant Paolo da Gama dort die Koje hüten muss. Ihm geht es schlecht, völlig erschöpft sieht er aus, alle paar Minuten spuckt er Blut. Vasco will sich übersetzen lassen an die Küste und mit kleinem Gefolge in die Stadt marschieren, zum Zamorin, dem Herrscher der Stadt und des Landes. Von ihm immerhin hatten die Portugiesen Kunde über ihren Kundschafter Covilha, auch wenn dessen Nachricht schon Jahre alt ist. Bruder Paolo rät ab von da Gamas Plan, dringend. »Du weißt nicht, was dir widerfahren wird, nicht von den Indern, auch nicht von den Moslems. Die waren uns schon in Afrika unberechenbar, weil wir in ihren Handelsbereich eindringen. Und überhaupt: Was, wenn der Zamorin in dem Moment, da du an Land im Palast weilst, sich unserer Schiffe zu bemächtigen versucht?« Man einigt sich darauf, zunächst einen jener Galgenvögel an Land zu schicken. So werde man ja sehen, wie es Abendländern in der Stadt ergehe. Als großes Risiko scheint man diesen Weg nicht anzusehen, jedenfalls nicht für die Mannschaft. Der Delinquent steigt allein in eine der Barken zu den Indern. Sie rudern ihn an Land, verschwinden mit ihm in den Gassen Kalikuts.

Lange müssen da Gama und die anderen an Bord der »Sao Rafael« nicht in Richtung Stadt starren, gespannt, wie es ihrem Mann wohl ergehen werde, da kommt er bereits wieder zurück in einem der Boote – nicht nur dieselben Inder sitzen nun im

Da Gama beim Zamorin in Kalikut. Der Herrscher an der Pfefferküste war den muslimischen Händlern in seiner Stadt verpflichtet. Diese verlangten, dass der Portugiese verschwinden soll.

Boot, auch ein Araber. Vasco da Gama, der seinen Mann sogleich neugierig ausfragt, hört Bemerkenswertes von ihm, dem Emissär der ersten abendländischen Delegation in Südindien. Die Bootsleute hatten den Sträfling offenbar zu zwei muslimischen Händlern geführt, die aus Tunis stammten, was aus dem fernen Kalikut betrachtet ja nur ein Katzensprung von Portugal entfernt liegt.

Tatsächlich, die beiden maurischen Kaufleute sprachen Portugiesisch und auch Spanisch. Und sie waren offenbar genau im Bilde, was für einen Landsmann sie da vor sich hatten und was das Eindringen der Portugiesen ins Zentrum des Fernosthandels für sie selbst bedeuten würde – sodass es, als der Europäer in ihr Haus geführt worden war, aus ihrem Munde herausbrach: »Hol dich der Teufel! Wer hat dich hierher gebracht?« So sind die Worte jedenfalls überliefert von Velho, dem Chronisten der Reise. Immerhin bewirteten sie ihren »Nachbarn« aus der Mittelmeerregion. Man kam ins Gespräch, und die Mauren zeigten sich recht kundig über die Situation in Europa, fragten: »Warum schickt der König von Kastilien niemanden her oder der König von Frankreich oder der Herrscher von Venedig?« Der König von Portugal würde das den Spaniern nicht erlauben, war die Antwort des Emissärs, und die beiden Herren aus Tunis sagten, da täte der König wohl gut dran. Wer sollte mehr Verständnis für die Haltung haben, Konkurrenten vom Geschäft fernzuhalten, als die muslimischen Kaufleute.

Als einer von ihnen nun an Bord kommt, da klingen seine Worte schon versöhnlicher: »Willkommen, willkommen, willkommen! Viel Rubine, viel Smaragde! Danket Gott auf den Knien, dass er euch in ein Land gebracht hat, wo des Reichtums so viel ist!« Das hört Vasco da Gama nun von ihm, aber ihm und den anderen Schiffsführern wird im weiteren Gespräch schnell klar, wie sehr der Fernhandel, der an seinen westlichen Ausläufern das Abendland einbezieht, hier, in seinen indischen Zentren, von weltkundigen und weltgewandten Kaufleuten organisiert wird. Und wie sehr man in Europa selbst sich bisher an der Peripherie befand. An der Peripherie, was den Handel selbst angeht, aber auch das Wissen um die anderen Teilnehmer an dieser frühen Globalisierung. Die wirtschaftliche Supermacht zwischen Orient und Okzident sind die Moslems. Die Macht, die die Abendländer dem entgegensetzen können, wird aus den Kanonenrohren kommen.

»Die Stadt Kalikut ist christlich.« Diese Behauptung entstammt der Chronik Alvaro Velhos. Er stellt sie seinen Erzählungen über die Stadt voran. Auch hier wieder das große Missverständnis Velhos, wohl auch da Gamas: Alles, was nicht nach Schamanismus wie in Afrika oder nach Islam aussieht und obendrein den Eindruck von differenzierter spiritueller Verehrung erweckt, die sich auch in Bildnissen niederschlägt – wie es in Südindien bei den Hindus der Fall ist –, wird von den Portugiesen auf ihrer Reise in unbekannte Kulturen nur allzu willig als christlich angesehen. Auf der Suche nach Christen und Gewürzen ist Vasco da Gama auf seiner Mission gen Osten. Sein persönliches Ziel, Kalikut, das eigentlich ja nur eine Zwischenstation ist, hat er erreicht. Für den 28-Jährigen ist sie eine gewaltige diplomatische Herausforderung. Dabei ist ihm, der sich in einem Christenreich wähnt, offenbar nicht klar, in welch gänzlich anderem Kulturkreis er sich aufhält.

Da Gama sendet seine Emissäre zum »König«, wie Velho den Herrscher von Kalikut bezeichnet. In Kalikut spricht man von ihm als dem Zamorin, Vertreter einer Herrscherlinie, die seit dem Mittelalter zur mächtigsten in der südwestindischen Küstenregion avanciert war. »Er ließ Vasco da

Da Gama am Hofe in Indien. Man wirft ihm vor, dass seine Gastgeschenke viel zu ärmlich seien.

Gama sagen, er sei willkommen«, notierte der Chronist. »Am anderen Morgen – es war Montag der 28. Mai 1498 – ging Vasco da Gama, um mit dem König zu sprechen, und er nahm dreizehn seiner Leute mit, unter ihnen auch ich. Wir legten alle Festtagskleider an und nahmen Bombarden auf den Booten mit und Trompeten und viele Flaggen.« Schon nach ihrer Anlandung mit dem Boot werden die Portugiesen von einer vielköpfigen Schar bewaffneter und unbewaffneter Leute empfangen – unter der Führung eines »Burghauptmannes«, wie wir in Velhos Buch lesen –, allenthalben mit »Zeichen der Freude und Gastlichkeit«. Allerdings, auch dies bemerkt Velho, haben die Waffenträger ihre »Hieb- und Stichwaffen blank gezogen«. Immerhin: Vasco da Gama stellen sie eine Sänfte mit sechs Trägern zur Verfügung, die sich abwechseln.

Bei aller Freigebigkeit lässt man die Ankömmlinge doch spüren, dass sie ein geraumes Stück Weges zurückzulegen haben, bis sie den Zamorin zu Gesicht bekommen. Dass ihnen diese Ehre überhaupt zuteil wird, bezweifelt dabei mancher der 14 Portugiesen unterwegs. Hier werden sie mit einer Mahlzeit in einem Haus vertröstet, »Reis mit viel Butter und sehr gutem gekochten Fisch«. Dort werden sie in einen Tempel geführt, den sie in ihrem Glauben, ein christliches Reich zu besuchen, als »Kirche« ansehen. »In der Kapelle befand sich ein kleines Bild, von dem sie sagten, es stelle die Mutter Gottes dar.« Der Kommandant verrichtete ein Gebet »und wir anderen mit ihm«. Wundersam kommen ihnen dabei manche Sitten ihrer vermeintlichen Glaubensbrüder vor: »Sie spritzten Weihwasser auf uns und gaben einem von uns eine weiße Erde, die die Christen hierzulande gewöhnlich auf Stirn und Brust und um den Hals herum und auf die Ellbogen streichen.« Auch der Kommandant nahm die weiße Erde in Empfang, »gab sie aber einem von uns in Verwahr, wobei er zu verstehen gab, dass er sich später damit bestreichen würde«. Porträts von Würdenträgern an den Wänden fallen den Seeleuten auf, versehen mit Heiligenscheinen, »doch war ihre Darstellung fremdartig, denn ihre Zähne waren so groß, dass sie einen Zoll aus dem Munde hervorstanden, und jeder Heilige hatte vier oder fünf Arme.«

Da Gamas Delegation, immer noch auf dem Weg zum Zamorin, zieht weiter. Größer wird die Schar von Menschen, die rechts und links des Weges die Portugiesen

bestaunen. Mittags kommen sie am Palast an. »Wir traten durch ein Tor in einen sehr großen Hof, durchquerten unter Gewaltanwendung noch vier weitere Tore, indem wir den Leuten, die uns im Wege waren, beständig Rippenstöße gaben.« Sogar von Verwundeten ist die Rede in der Chronik.

»Eine Art Bischof, nach dessen Recht sich der König in Kirchensachen richtet«, geleitet sie die letzten Etappen durch den Palast, und endlich ist es so weit: »Der König befand sich in einem kleinen Hof, wo er auf dem Ruhebett lagerte, das prächtig anzusehen war: Auf einer Decke von grünem Samt lag ein wunderschönes Polster, das von einem sehr weißen und feinen Baumwollstoff bedeckt war.« Der Betthimmel ist komplett vergoldet, und zur Rechten sowie zur Linken umgeben den Zamorin obendrein mächtige goldene Gefäße. In einem sind die Betelnüsse, die der Herrscher fortwährend kaut, in das andere spuckt er die Reste. Da Gama, so ordnet »der König« nun an, möge sich ans Fußende des Bettes setzen, alle anderen auf eine Bank in seiner Nähe, »damit er uns sehen könne«. Der portugiesische Kommandant, auch dies sagt der Zamorin, solle seinen Würdenträgern mitteilen, was er wolle, diese würden es ihm anschließend sagen.

Wer Herr der Unterhaltung ist, wird sofort deutlich. Es entspinnt sich ein Austausch von Nettigkeiten. Da Gama erzählt von seiner langen Reise und den nunmehr ein dreiviertel Jahrhundert währenden Bemühungen seiner Vorgänger, den weiten Weg um Afrika nach Indien überhaupt erst zu finden. Ob er damit Eindruck macht bei dem Herrscher, der in Kalikut umgeben ist von Menschen aus der Nachbarschaft von da Gamas Heimat, von Händlern, die zwischen Orient und Okzident seit Langem und wie selbstverständlich pendeln? Der Chronist gibt uns darüber keine Auskunft. Der Kommandant berichtet dem Zamorin von seinen Königen, die den Auftrag dazu gegeben haben, von Manuel I., der ihm einen Brief an den indischen Herrscher mitgegeben hat. Der Zamorin wiederum sagt, der Vertreter des portugiesischen Königs sei ihm willkommen, er wolle ihn für einen Bruder und Freund ansehen, auch wolle er ihm Gesandte nach Portugal mitschicken. »Darauf erwiderte ihm der Kommandant, er wolle ihn um diese Gnade bitten, weil er nicht wagen würde, vor den König, seinen Herrn zu treten, wenn er nicht einige Leute aus dem fremden Lande mitbrächte.«

Es herrscht ein diplomatischer Tonfall, der Nachmittag und der Abend vergehen mehr oder weniger würdevoll für Vasco da Gama. Als er in das Quartier geht, das man ihm anbietet, gießt es in Strömen, in tropischer Heftigkeit, die mancher Portugiese noch nie zuvor erlebt hat. Man bietet dem Kommandanten ein Pferd an, jedoch ohne Sattel, was er dankend ablehnt. Sie werden begleitet vom »Haushofmeister des Königs«, wie Velho vermutet. Es handelt sich um einen Mauren, einen Araber. Es ist kein Zufall, dass dieser sich nun um sie kümmert. Am nächsten Morgen beginnt die Situation peinliche Züge anzunehmen: Der »Haushofmeister« schickt sich an zu prüfen, welche Geschenke der Portugiese für den Zamorin mitgebracht hat, vor allem aber, ob sie des Herrschers würdig sind. Velho zählt die Gastgeschenke auf: »Zwölf Stück gestreiften Baumwollstoffes und vier Kapuzen von scharlachfarbenem Tuch, sechs Hüte und vier Korallenzweige, ferner ein Behältnis mit sechs Metallbecken, eine Kiste Zucker, zwei Fässchen voll Olivenöl und zwei voll Honig.«

Sofort sind sich der Maure und sein hinzugekommener Kollege einig, teilen dies da Gama auch ohne Umschweife mit: All das sei nichts, was man dem König schicken könne. »Der ärmste Kaufmann, der von Mekka käme«, so gibt Velho ihre Reaktion wieder, »ein jeder Inder gebe mehr als das«. Gold hätte man mitbringen müssen.

Eine typische indische Reistafel, wie sie auch den Entdeckern serviert worden sein könnte. Diese schwärmten jedoch weniger von den wohlschmeckenden Speisen als von den lukrativen Aussichten des Gewürzhandels im 15. und 16. Jahrhundert.

Folgende Doppelseite: Atolle im Archipel der Lakkadiven vor der indischen Pfefferküste. Auf der Rückfahrt blieb das Geschwader da Gamas wegen einer Flaute hier längere Zeit hängen. Die Seeleute stießen einen Wappenpfeiler in den Sandboden, von dem heute allerdings nichts mehr zu sehen ist.

Das dagegen, was die erste abendländische Flotte hier in den Orient mitgebracht habe, das werde der Herrscher niemals annehmen, muss der stolze portugiesische Kommandant hören. »Die beiden Mauren sagten, sie selbst könnten dem König die Sachen nicht bringen, noch könnten sie zulassen, dass man sie ihm überhaupt überreiche.«

Eine denkwürdige Situation in der Entdeckungsgeschichte. Während Kolumbus mit Spiegeln und Glasperlen sechs Jahre zuvor unter den Bewohnern der Karibik Eindruck schinden konnte, scheint sich da Gama nun, obwohl durchaus reicher mit Geschenken ausgestattet, bei seinen Gastgebern zu blamieren. Oder steckt etwas anderes hinter den Reaktionen der beiden Mauren, Kalkül im wohlverstandenen Eigeninteresse gar?

Da Gama reagiert zornig auf die Abweisung durch die Büttel des Zamorin, angetrieben vom eigenen Stolz. Einerseits. Andererseits ist er bemüht, sie durch Ausflüchte zu beschwichtigen. Er sei schließlich kein Kaufmann, sondern ein Gesandter, sagt er, und all die Waren entstammten seinem privaten Besitz, nicht den königlichen Schatztruhen. Im Übrigen möge man einfach abwarten, vertröstet er sie. »Wenn der König von Portugal ihn wieder herschicken würde«, so gibt Velho die Worte da Gamas wieder, »würde er ihm viele andere und wertvolle Geschenke mitgeben.« Das sei wohl möglich, doch er möge sich ein wenig gedulden, wurde da Gama daraufhin beschieden. Die Mauren verabschiedeten sich. »Und Vasco da Gama wartete und wartete diesen ganzen Tag auf sie. Und während der Kommandant so saß, voller Zorn darüber, dass er sich unter so phlegmatischen und unzuverlässigen Menschen sah, hatte er nicht übel Lust, ohne Begleitung zum Palast zu gehen.« Er entscheidet sich dann doch, bis zum anderen Tag zu warten. »Bei der ganzen Warterei hörten wir nicht auf, uns die Langeweile zu vertreiben, und sangen und tanzten zu den Trompeten und verschafften uns alles nur mögliche Vergnügen.«

Am nächsten Morgen erscheinen sie wieder: die beiden Araber, die Vasco da Gamas Geschenke inspiziert und für unwürdig befunden hatten. Man geht zum Palast, vor dem Scharen Bewaffneter patrouillieren. Und man wartet erneut, Stunde um Stunde. Erst nach vier Stunden öffnen sich die Tore, der Zamorin lässt ausrichten, da Gama möge eintreten, er dürfe aber nur zwei Begleiter mitnehmen. Die Stimmung ist eine andere als zwei Tage zuvor, der Zamorin hat eine vorwurfsvolle Haltung eingenommen. Die Begegnung der Kulturen entwickelt sich zu einer Art vordergründigem Gefeilsche, fast nach Kinderart: Da Gama käme doch aus einem reichen Land, wie er behauptet habe, warum er dann nichts mitgebracht habe, klagt der Zamorin. Da Gama bemüht sich um Ausflüchte, sagt, er hätte erst einmal sehen wollen, wie die Dinge in Indien liegen, doch der Gastgeber hakt gnadenlos nach: Was der Portugiese denn zu entdecken erwartet hätte, Menschen oder Steine? Und im Übrigen: Er habe gehört, auf den Schiffen der Europäer befinde sich eine Mutter Gottes aus purem Gold. Nein, nein, entgegnet da Gama, die sei gar nicht aus Gold, und selbst wenn, er würde sie niemals herausgeben, da sie ihn sicher über das Meer geleitet habe und er weiterhin ihren Schutz genießen wolle. Dass seine mitgebrachten Geschenke schlicht der Zensur des »Haushofmeisters« zum Opfer gefallen waren, verschweigt der stolze Vasco da Gama in diesem Moment.

Immer wieder ist in der Unterhaltung die Rede von einem Brief, den König Manuel da Gama mitgegeben habe. Der zögert, ihn zu übergeben, der Zamorin mahnt die Übergabe mehrfach an, bekommt den Brief schließlich auch. Als er ihn sich übersetzen lässt – Velho ist über den genauen Inhalt nicht im Bilde –, legt

sich die Spannung ein wenig. »Mit diesem Brief war der König sehr zufrieden und fragte den Kommandanten, was für Waren es in seinem Lande gebe.« Da Gama spricht von Getreide, Tuchen, Eisen, Bronze und anderen Dingen. Er habe von allen Dingen Muster dabei und könne sie sogleich holen. Nein, nein, antwortet da der Zamorin, er möge sie ausladen lassen und sie gleich im Hafen so gut an den Mann bringen, wie es eben ginge. Auf den Eindruck gesteigerten Interesses an den Europäern und ihren merkantilen Absichten ist der indische Potentat nicht bedacht, ja er will ihn offenbar bewusst vermeiden. Man verabschiedet sich höflich, aber distanziert.

Ein paar Wochen halten sich die Portugiesen noch in Kalikut auf, fühlen sich hier bedroht, dort betrogen, dann wieder großzügig und teilweise – etwa als sie ihre Handelswaren am Hafen feilbieten – auch voller Bewunderung behandelt. Wieder und wieder kommt es zum Streit, auch mit dem Zamorin, der erneute Geschenkangebote schroff ablehnt, aber nun auf einmal viel Geld verlangt für die Ausreise der portugiesischen Flotte. Häufig werden sie von Menschenmassen umringt, zunehmend verlässt sie die Fähigkeit, ihre Umgebung einzuschätzen, die ihnen plötzlich noch fremder vorkommt. Vasco da Gama und seine Leute können es nicht übersehen und sind sich ihrer Situation bewusst: Es gibt Mächte in der so bedeutenden indischen Hafenstadt, denen sie nicht willkommen sind. Der Zamorin bezieht seine Macht aus dem Wohlwollen der reichen Händler aus dem arabischen Raum. Und die sind nicht gewillt, ihre Monopolstel-

Vasco da Gama bei seiner Rückkehr nach Portugal 1499. Er hatte über die östliche Route Indien tatsächlich erreicht – im Gegensatz zu Christoph Kolumbus, der dies sechs Jahre zuvor ebenso behauptet hatte.

Im Hafen von Lissabon beherrscht heute das Ozeanium die Szenerie, Dreimaster sieht man dort schon lange nicht mehr.

lung im Fernhandel zwischen Orient und Okzident in Gefahr bringen zu lassen. Und sie sind entschlossen, dies allen möglichen Konkurrenten auch klar zu zeigen.

Günter Hamann beschreibt in seinem Buch »Der Eintritt der südlichen Hemisphäre in die europäische Geschichte« (1968) die weltpolitische Bedeutung der portugiesischen Reisen wohl am treffendsten: »Es war auch nicht verwunderlich, dass in weiterer Folge sogar der indische Herrscher Kalikuts, der Samorim, der sich anfangs freundlich und entgegenkommend erwiesen hatte, schon bald unter dem Einfluss seiner wohlhabenden arabischen Untertanen in diese Missstimmung miteinbezogen wurde. Das anfangs noch etwas verhohlene und ganz natürliche Misstrauen gegenüber dem Eindringen der ungebetenen Fremden wurde also allseits immer größer. Die gereizte Atmosphäre und eine Reihe unfreundlicher, in der Heftigkeit sich steigernder Zwischenfälle machten es daher Vasco da Gama unmöglich, seinen Aufenthalt in Vorderindien so lange auszudehnen, wie es ursprünglich geplant war. In den letzten Augusttagen 1498 musste er sich dazu entschließen, die Rückfahrt anzuordnen.«

Zuletzt spitzt sich die Lage zu. Die Araber, »die Kaufleute aus Mekka«, wie sie Velho bezeichnet, bezichtigen die Portugiesen gegenüber dem Zamorin der Piraterie. Sie werden bedrängt, die Schiffe noch näher an die Küste heranzuziehen, sonst lasse man sie nicht gehen, heißt es. Die Portugiesen wittern Gefahr für Schiffe, Leib und Leben. Einige werden in Geiselhaft genommen, um eine hohe »Ausreisegebühr« zu erwirken für den Herrscher von Kalikut. In Wahrheit für die arabischen Händler? Oder gar als Abschreckung, damit die Portugiesen es sich dreimal überlegen zurückzukommen, wie von Vasco da Gama ankündigt?

Immer wieder kommen Menschen aus Kalikut zu den Schiffen herausgefahren. »Aus schierer Neugierde«, wie Velho schreibt. Einmal waren »unter ihnen sechs sehr angesehene Männer«. Da erkennt da Gama seine Chance. Er setzt die sechs seinerseits fest, erpresst damit die Freilassung seiner eigenen Männer. Die Situation ist außer Kontrolle. Velho äußert ein ums andere Mal sein Befremden darüber, dass »Christen« – als solche schätzen die Portugiesen die Inder nach wie vor unumstößlich ein – sich ihnen gegenüber derart befremdlich zeigen. »Andererseits gaben wir dem König nicht die ganze Schuld für dieses Verhalten, denn wir wussten, dass wir den dort ansässigen Mauren, die wir kennengelernt hatten, und den Kaufleuten aus Mekka und aus vielen anderen Gegenden sehr unbequem waren.« Die Begrüßungsworte der muslimischen Händler: »Hol dich der Teufel! Wer hat dich hierher gebracht?«, sind nicht vergessen.

Vasco da Gama gibt die Hoffnung auf, bereits bei dieser ersten Reise große Handelsgeschäfte mit Gewürzen einzuleiten, die wegweisend für die Beziehungen zwischen Indien und Portugal hätten sein sollen. Zwischendurch hatte er mit dem Gedanken gespielt, einige seiner Männer in Kalikut zu lassen, um dort eine Faktorei für den künftigen Handel zu besetzen. Später ist davon nicht mehr die Rede. Die Lage ist einfach zu undurchsichtig. Immerhin: Der Zamorin gibt den Portugiesen einen Brief an König Manuel mit, der deutlich macht, dass er sich zumindest in diesem Moment durchaus im Klaren darüber ist, welche Trümpfe man mit den Gewürzen für einen künftigen direkten Austausch mit Europa in den Händen hält, ohne den Zwischenhandel im Morgenland: »Vasco da Gama, Edelmann Eures Hauses, ist nach meinem Lande gekommen, worüber ich mich gefreut habe. In meinem Land gibt es viel Zimt und viele Gewürznelken sowie Ingwer und Pfeffer und viele Edelsteine; und was ich von den Deinigen will, ist Gold, Silber sowie Korallen und Scharlach.«

Auch das ist ein Zeichen: Der Zamorin hat durchaus andere Interessen als die in seiner Stadt lebenden muslimischen Kaufleute. Ja, er sagt sogar zu, einen portugiesischen Wappenpfeiler, den man ihm von der »Sao Rafael« bringt, an der Küste seiner Stadt aufzustellen. Ob ihm dabei bewusst ist, dass die Portugiesen mit so einem Akt territoriale Besitzrechte verbinden? Was die Gewürznelken angeht, die damals fast größere Bedeutung haben als der Pfeffer, teilt er im Brief freilich nur die halbe Wahrheit mit. Es gab sie zwar im Reich des Zamorin, als Handelsware, doch wachsen sie zu jener Zeit ausschließlich weiter im Osten, viele Tausend Meilen weiter. Auf kleinen Inseln, die erst Vasco da Gamas Nachfolger entdeckten.

Am 29. August setzen die Mannschaften auf den drei Schiffen die Segel zur Rückfahrt. Ein paar Männer aus Kalikut sind im Zuge der gegenseitigen Geiselnahme und des anschließenden Geschachers an Bord geblieben. »Diese würden uns bei einer Rückkehr nach Kalikut zweifellos helfen können, freundliche Beziehungen zur Bevölkerung herzustellen«, sieht Velho die erzwungene Mitfahrt ganz praktisch. Am nächsten Tag werden die Schiffe noch eingeholt von »siebzig Barken mit zahllosem Kriegsvolk«, die »vorn Brustpanzer von rotem Stoff, doppelt genommen, wie Lederkoller« trugen. Da Gama lässt sofort von allen Schiffen scharf schießen, wodurch sich die Harnischträger allerdings noch nicht zur Umkehr veranlasst sehen. Erst ein Gewittersturm und die Nacht trennt die portugiesischen Schiffe schließlich von den Angreifern – wer immer diese gewesen sein mögen.

Die Rückfahrt verläuft unter keinem guten Stern. Die Winde halten die Mann-

Nach seiner ersten Rückkehr aus Indien wird da Gama (rechts) vom portugiesischen König Manuel (mit Gehstock) empfangen.

schaften an der Küste, man tastet sich langsam nach Süden voran, muss im Archipel der Lakkadiven noch einmal Anker werfen, weil es nicht vorangeht. Auch hier errichten die Männer einen Wappenpfeiler, auch wenn man eher zufällig und aus Not angelandet ist. Am 5. Oktober entschließt sich Vasco da Gama, zur Fahrt über den Ozean aufzubrechen – es beginnt eine Schreckenstour. Fast drei Monate sind sie unterwegs, die Hinfahrt hatte nicht mal einen gedauert. Obwohl die Zeit des üblichen Nordostmonsuns eigentlich angebrochen ist, bleibt der Wind aus. Skorbut greift um sich, das Wasser wird knapp. »Das Zahnfleisch wucherte ihnen so über die Zähne, dass sie nicht mehr essen konnten; außerdem schwollen ihnen die Beine an, und sie bekamen auch sonst am ganzen Körper große Geschwüre, die einen Mann so weit herunterwirtschafteten, bis er starb, ohne an irgendeiner anderen Krankheit zu leiden. Auf diese Weise starben uns dreißig Leute, ungeachtet derer, die bereits gestorben waren, ehe wir unsere Rückreise angetreten hatten.« Auf jedem Schiff konnten vielleicht noch sechs, sieben Männer die Segel an den jeweils drei Masten und das Ruder bedienen. »Wir waren an dem Punkt angelangt, an dem alle Manneszucht aufhörte.« In ihrer Not beschließen der Kommandant und seine Kapitäne sogar, bei günstigem Wind ungeachtet der alles andere als gastfreundlichen Situation dort nach Indien zurückzusegeln. Doch auch dieser Wind bleibt ihnen versagt. Wohl zu ihrem Glück.

Am 2. Januar 1499 endlich kommen die Türme und Mauern einer Stadt in Sicht. Es ist Mogadischu im heutigen Somalia, doch die Seeleute haben keinen Schimmer, wo sie sind, »denn auf unseren Schiffen gab es keinen Lotsen mehr und keinen Mann, der die Breite zu berechnen verstanden hätte, um festzustellen, in welcher Gegend wir uns befanden«, schreibt Velho. Seine Zeilen erwecken an dieser Stelle den Eindruck, es seien drei Totenschiffe auf dem Indischen Ozean unterwegs – und ein wenig war es auch so. Man entschließt sich weiterzufahren, nach Süden, in der Hoffnung, auf eine bekannte, gastfreundliche Stadt zu treffen: Melinde. In der Tat, am 9. Januar können sie dort die Anker fallen lassen und sich eine Woche lang erholen, bevor es weitergeht. In der Gegend von Mombasa erfolgt dann ein Schritt, der zu jener Zeit, als der Skorbut noch auf allen Fernreisen mitfährt, zunehmend die Ultima Ratio war: Man gibt eines der Schiffe auf, längst sind es viel zu wenige Männer für alle drei. Sie verbrennen die »Sao Rafael«. Und fahren weiter.

Bevor die beiden verbliebenen Karavellen die Heimat erreichen, nimmt die Expedition auf der letzten Etappe noch eine bizarre Wendung. Vasco da Gama ist inzwischen mit seinem Bruder auf einem Schiff. Doch der wird krank, sterbenskrank, sodass man gezwungen ist, die Azoren anzulaufen, wo Pedro da Gama schließlich stirbt. Nicolau Cœlho nutzt dies aus und segelt mit seiner Karavelle auf direktem Wege nach Lissabon, wo er am 10. Juli unter großem Jubel empfangen wird und sich von König Manuel für die erste erfolgreiche Indienfahrt ehren lässt. Als Vasco da Gama im September eintrifft, kann er nur noch »Nachfeiern« auslösen.

Seine Stellung in der Entdeckungsgeschichte ist dadurch freilich nicht beeinträchtigt. Wer weiß schon heute noch von dieser Begebenheit? Der Weg nach Indien ist erreicht, der direkte Weg zum Land des Pfeffers gefunden. Der Charakter der Beziehungen ist allerdings noch sehr undeutlich, weitere Reisen müssen hier Klarheit schaffen. Und doch ist auch nach da Gamas Rückkehr aus Indien längst nicht die ganze Welt der Gewürze durchdrungen. Wo vor allem kommen die so kostbaren Gewürznelken her? Wo die Muskatnuss, der Zimt? Zu ihrem eigentlichen Ziel liegt noch ein weiter Weg vor den Portugiesen, dem ersten europäischen Entdeckervolk der Neuzeit.

Eine kleinere Nau, die erste portugiesische Neuentwicklung im Schiffbau des 15. Jahrhunderts.

Neue Schiffe für die Weltenfahrt

Viel hatte man gemunkelt über die Gefahren, die auf die portugiesischen Seefahrer warten, wenn sie das Kap Bojador an der afrikanischen Westküste erst einmal hinter sich gelassen haben. Seeungeheuer, ein Meer von schwarzem Pech, das alles schmelzen lässt und verbrennt, Küstengebiete, die keiner betreten kann, weil sie zu heiß sind. Nichts davon wurde wahr im Laufe des 15. Jahrhunderts. Probleme bereitete dieses Seegebiet dann aber, als die Schiffe die Rückfahrt antraten: Strömung und Winde standen dem Nordkurs entgegen.

Die kurzen bauchigen Frachtsegler nach Art der Hansekoggen aus dem Spätmittelalter, deren Bauart sich über die Niederlande bis auf die Iberische Halbinsel durchgesetzt hatte, waren diesen Bedingungen nicht gewachsen. Auch erwies sich der Tiefgang bei den Expeditionsschiffen als zu groß, weil die Küstengewässer vor Westafrika nach Süden hin immer flacher werden. Nicht zuletzt wuchsen die Reisedistanzen und damit die Dauer einer Seefahrt und der Bedarf an Frachtraum. Das bedeutete auch, dass die Schiffe leichter zu reparieren sein mussten. Man war bald nicht mehr Wochen oder Monate unterwegs, sondern Jahre, fernab jeder Werft.

Die Schiffbauer Portugals und wenig später auch Spaniens standen spätestens in der zweiten Hälfte des 15. Jahrhunderts vor gewaltigen Herausforderungen. Heinrich der Seefahrer forderte Innovationen. Er war auch bereit, sie durch seine Schule für Seefahrt und Navigation zu fördern. Das Ergebnis waren zwei Schiffstypen: zunächst die kleinere Nau, etwas später die Karavelle, die zum Standardtyp des Entdeckungszeitalters avancierte. Es ist schwierig, beide

Die späteren Karavellen waren größer und mit drei Masten ausgestattet.

Da Gamas Flaggschiff »San Raphael« (oben) in einer wohl etwas zu pompös ausgefallenen Darstellung aus der Zeit der vorletzten Jahrhundertwende. Rechts ein Bild seiner Flotte aus dem 18. Jahrhundert.

klar zu unterschieden – die Entwicklung hielten über all die Jahre an. So ist in der Literatur nicht einmal mit letzter Gewissheit geklärt, ob es sich bei dem Flaggschiff Vasco da Gamas bei seiner ersten Indienfahrt um eine Nau oder um eine Karavelle handelte.

Beide erlaubten jedenfalls erstmals, hart am Wind zu segeln, also in steilem Winkel gegen den Wind. Zunächst mit Lateinersegeln, die eher dreieckig als rechteckig waren, später mit reinen Rah-Segeln, die quadratisch anmuteten. Die Schiffe wuchsen in die Länge, waren gegen Ende des 15. Jahrhunderts zwischen 20 und 30 Meter lang und boten entsprechend mehr Frachtraum. Das Achterkastel, ein Aufbau auf dem Heck für die Schiffsführung, bot für damalige Verhältnisse exklusiven Kajütenraum für den Kapitän. Auch wenn der Bug hin und wieder ähnliche Aufbauten bekam, blieb es jedoch dabei: Die Mannschaft musste sich ihre Schlafplätze suchen. Irgendwo auf dem Vorschiff.

Die zunehmende Größe der Schiffe veranlasste die Schiffbauer, statt mittelalterlicher Einmaster bald Zwei- und schließlich Dreimaster zu konstruieren. Den Tiefgang konnte man unter anderem dadurch begrenzen, dass das Steuerruder von der Seite –, wie zuvor üblich – wo es nur in der Tiefe wirkte hinter das Heck verlegt wurde. Leichter zu reparieren waren die Karavellen, da nicht mehr nach Klinkerbauweise, das heißt von oben nach unten überlappend, sondern »kraweel« beplankt wurde: Die einzelnen Bohlen der Außenwand lagen nun Kante an Kante, die Haut des Schiffes war glatt. Die Stabilität des Schiffs im Wasser litt dadurch ein wenig, da die Überlappungen das seitliche Rollen gedämpft hatten. Die Stabilität des Schiffes selbst aber stieg, die Verwindungen bei starker Belastung nahmen ab, die Planken selbst stießen fester aufeinander. Vor allem aber: Bei der Kraweel-Beplankung, die innen von Streben gestützt wurde, waren Ausbesserungsarbeiten unterwegs leichter vorzunehmen.

Im 15. Jahrhundert erlebten auch die Navigationsgeräte einen bedeutsamen Entwicklungsschub. Der Kompass war längst bekannt, nachdem er wohl im 12. Jahrhundert von arabischen Händlern aus China mitgebracht worden war. Nun aber kam der Jakobsstab hinzu, mit dem der mittägliche Höchststand gemessen werden konnte. Später wurde er vom präziseren Sextanten abgelöst. Beide erlaubten die nahezu exakte Bestimmung des Breitengrades. Zur Ermittlung es Längengrades bedurfte es genauester Schiffschronometer, die erst in England im Laufe des 18. Jahrhunderts entwickelt wurden.

Auf dem Landweg nach Indien

Vasco da Gama war in Indien. Kein Europäer vor ihm hatte es gewagt oder gar vermocht, mit seinem Schiff die Küsten dieses Landes im Orient anzusteuern oder gar zu erreichen. Aber war Kalikut für den Portugiesen wirklich Neuland? War er ahnungslos, was ihn dort erwarten würde? Oder hatte er Informationen, geheime Kunde von Agenten Lissabons, die vor ihm nach fantastischen Reisen schon hinter die Mauern der wundersamen fernen Drehscheibe des Handels zwischen Arabern, Indern, Chinesen und anderen blicken konnten?

Kirche im portugiesischen Stil in Goa. In dem indischen Stadtstaat konnten die Portugiesen ihre Herrschaft vom 16. bis ins 20. Jahrhundert hinein behaupten.

AUF DEM LANDWEG NACH INDIEN

Als da Gama von seiner großen Fahrt zurückkehrte, ging jeder unbefangene Zeitgenosse davon aus, dass er der erste Christ gewesen sei, der den Schleier der Stadt im Osten lüften durfte. Zu viele hatten sich in den Jahren und Jahrzehnten vergeblich darin versucht, den Weg um Afrika zu finden, vor den Augen der Öffentlichkeit von Lissabon. Wie hätte da jemand schon vor da Gama in Indien gewesen sein sollen?

Doch 41 Jahre nach dessen Rückkehr von der großen Pionierfahrt, im Jahre 1540, erscheint ein Büchlein in Europa mit dem Titel »Wahrhaftiger Bericht aus dem Reich des Priesters Johannes von Indien«, das die Geschichte erzählt über den wahren ersten Portugiesen an der Malabarküste. Autor ist ein gewisser Francisco Alvares, ein 75-jähriger Missionar. Das Buch könnte auch die Erklärung dafür liefern, warum die portugiesische Krone zwischen dem abgebrochenen Vorstoß des Bartolomeo Diaz nach Indien und dem nächsten Versuch, dem erfolgreichen des Vasco da Gama, mehr als ein Jahrzehnt verstreichen ließ.

Aufregend genug war die Reise von Alvares ins ostafrikanische Äthiopien im Auftrag König Manuels I., von der Alvares in seinem Buch schreibt. Hintergrund war ein Brief, ein Hilferuf der Großmutter des äthiopischen Königs, des christlichen Negus. Der werde von osmanischen Kriegern im Namen Allahs bedrängt, klagte sie und forderte Entsatz aus dem christlichen Abendland. Vorerst machte sich nur Alvares auf den Weg. 1520 kam die Delegation an. Noch aufregender aber war Alvares' Begegnung mit einem Landsmann, Pero de Covilha, am Hofe Äthiopiens.

Seit 1494 hielt sich Pero de Covilha beim Negus auf, der damals noch nahe der äthiopischen Küste residierte, am Bab al Mandab, dem »Tor der Tränen«. Covilha war ein Gefangener. Er durfte das Land nicht mehr verlassen, sein Leben lang. Doch er lebte in einem goldenen Käfig, hatte eine äthiopische Frau und Kinder; der Kaiser hatte ihm Ländereien zur Verfügung gestellt, ein Anwesen, viele Bedienstete. Covilha führte ein komfortables Leben, hatte keinen Grund zur Klage. Und er hatte Fantastisches zu erzählen. Alvares gibt es in seinem Buch wieder. Nur von ihm wissen wir, was für eine abenteuerliche, vor allem aber für sein Land bedeutsame Reise Covilha drei Jahrzehnte zuvor als Alleingänger bestanden hatte.

Es war im Jahre 1487, dem Jahr des Aufbruchs von Bartolomeo Diaz zum Kap der Guten Hoffnung, als Covilha von seinem König – damals Johann II. – eine Schatulle mit 400 Cruzados überreicht bekam. Im Haus des Schreibers der königlichen Rentkammer, für einen geheimen Reiseauftrag. Mehrere verdeckte Missionen, die Covilha vor allem in Nordafrika erfolgreich ausgeführt hatte, prädestinierten ihn für die heikle Aufgabe. Wichtiger noch: Er sprach fließend Arabisch. Das war die wichtigste Voraussetzung für einen Christen, wenn es darauf ankam, im muslimischen Morgenland nicht als Ungläubiger erkannt zu werden. Nur der spätere König Manuel I., damals noch Herzog von Beja, war zugegen. Und Afonso de Payva, der Mann, der Covilha begleiten sollte. Ihr Auftrag: In Richtung Osten aufbrechen, auf dem Landweg. Wenn sie es irgendwie schafften,

Kairo war ein Ausgangspunkt für die Erforschung des Landwegs durch Covilha. In Häuser wie diesen dürfte er an seine Informationen gekommen sein, denn er sprach fließend Arabisch.

bis nach Indien. Den Weg der Gewürze sollten sie aufspüren und Verbindungen knüpfen zu fernen, abgeschnittenen Christengemeinden jenseits des Morgenlandes.

Die 400 Cruzados waren privates Geld des Herrschers, über das er niemand Rechenschaft schuldig war. Neben den Münzen händigte der Monarch seinem Agenten noch einen »in allen Ländern und Provinzen der Welt gültigen« Wechselbrief aus. Auch bekam Covilha eine Weltkarte mit auf den Weg. Nach allem, was man heute weiß, dürfte es sich um eine Kopie der bedeutenden Karte des Venezianers Fra Mauro gehandelt haben, die sich wohl in Lissabon befand damals, als das Kartenwissen noch über Wohl und Wehe ganzer Nationen entschied und auf Kartenspionage deshalb die Todesstrafe stand. Die Fra-Mauro-Karte sollte Covilha und Payva nicht nur den Weg weisen. Johann II. setzte vor allem darauf, dass sie in die Karte, dort, wo sie an den Rändern noch verschwommene Konturen aufwies, neue Verbindungslinien einzeichneten. Er hoffte auf aktuelle Informationen, wie es auf der anderen Seite der damals so großen Barriere, des afrikanischen Kontinents, aussah. Letztlich auch, ob Afrika wirklich zu umfahren sei. Stammte doch die einzige Information darüber, über die man damals in Europa verfügte, aus dem 5. Jahrhundert v. Chr. von Herodot, der wissen wollte, dass damals, kurz vor seiner Zeit, ein phönizisches Boot im Auftrag des ägyptischen Pharaos Necho Afrika umschifft habe. Niemandem war das seither gelungen. Covilha und Payva sollten herausfinden, ob es möglich ist. Nicht, indem sie um Afrika herumfahren, sondern auf dem Landweg die Levante überwinden und schauen, wie es auf der anderen Seite von Afrika aussieht. Anschließend sollten sie nach Indien fahren

Festbankett am Hofe des Herrschers von Äthiopien, des »Negus«, Lithografie aus dem 19. Jahrhundert.

– und mit möglichst vielen Informationen heimkehren. Sie waren nicht die Ersten, die auf diesen Weg geschickt wurden. Wenige Jahre zuvor hatten sich zwei Franziskaner-Mönche auf den Weg gemacht, waren aber nicht über Jerusalem hinausgekommen. Das Königshaus in Lissabon unternahm viel, um in den Besitz von Informationen zu gelangen, und es ist anzunehmen, dass längst nicht alle Missionen bekannt geworden sind. Auch die geheime Fahrt des Covilha wäre schließlich um ein Haar nicht überliefert worden, hätte jener Alvares ihn nicht Jahrzehnte später in Äthiopien besucht und Aufzeichnungen gemacht.

Im Juni 1487 brachen Covilha und Payva auf. Über Barcelona, Neapel und Rhodos, wo ihnen zwei portugiesische Ordensritter Unterkunft boten. Hier wechselten sie ihre Identität. Auf der Mittelmeerinsel schifften sie sich nach Alexandria, nunmehr getarnt als muslimische Händler mit einem größeren Posten Honig, ein. Die ägyptische Stadt war der Umschlagplatz für alle Waren, die nach Europa sollten. Über Kairo waren sie dorthin gelangt. Karawanen hatten sie vom Indischen Ozean, aus den Häfen von Tor oder Kosseir, geholt, nachdem sie dort aus Indien angelandet worden waren. Der Weg der Gewürze wie auch aller anderen Handelsgüter aus Fernost, auf der Straße über das Meer und durch die Wüsten, war in unzählige Etappen aufgeteilt, wie es auf dem Landweg über die Seidenstraße nicht anders war. Von Station zu Station stieg der Wert der Ware. Covilha schickte sich an, die Etappen zu ergründen.

In Alexandria war die Reise der beiden fast beendet, bevor sie richtig begonnen hatte: Sie erkrankten so schwer, dass sie ihren Tod erwarteten. Schon hatte man ihnen ihre Handelsware abgenommen, wie es in solchen Situationen dort Brauch war. Doch sie erholten sich, wurden für den Honig entschädigt. Mindestens ebenso wichtig war: Die Tarnung hielt. Weiter ging es nach Kairo, wo sie in Basaren und Kontoren schon genauere Informationen erhielten. Gingen von der alten ägyptischen Metropole doch Karawanen nicht nur direkt an den Indischen Ozean, sondern bis nach Mekka. Es ist anzunehmen, dass sie in Kairo Menschen trafen, die ihre Handelsgeschäfte persönlich bis nach Indien abwickelten und ihnen in den Karawansereien oder Tavernen manchen Weg beschrieben – in Unkenntnis der wahren Identität der Portugiesen. Die Agenten schlossen sich Kaufleuten aus dem Maghreb an, die durch das Rote Meer, Hafen für Hafen, bis nach Aden segelten: Das Sprungbrett über das Meer nach Indien war erreicht. Aden war eine bedeutende Hafenstadt seit seiner Blüte im sagenhaften Königreich Saba im 1. Jahrtausend v. Chr. und hatte bereits in der Antike die Höhen und Tiefen des Orienthandels erlebt. Seit dem 12. Jahrhundert hatte es wieder einen großartigen Aufschwung genommen. Der Indische Ozean insgesamt war nun zum wahren »Mittelmeer« des Welthandels avanciert – wovon die Herrscher in Europa nicht wirklich eine Ahnung hatten, auch wenn das Abendland

Vasco da Gama in einer Buchmalerei aus dem 16. Jahrhundert. Wusste Covilha, dass seine heimliche Reise für ihn den Weg bereiten sollte?

Vorhergehende Doppelseite: Die Insel Sira vor Aden im Jemen. Hier trennten sich die Wege der beiden Geheimagenten des portugiesischen Königs. Covilha startete von hier aus nach Indien.

den Handel wohl selbst mit entfacht hatte als Endabnehmer der vielen kostbaren Waren aus dem Orient im Morgengrauen der Neuzeit.

Inzwischen war das Frühjahr 1488 angebrochen – am anderen Ende von Afrika hatte Bartolomeo Diaz das Kap der Guten Hoffnung mittlerweile erreicht, ohne dass man davon Kunde hatte. Zügig musste es nun weitergehen, denn nur die Sommermonate über weht der Monsun in die richtige Richtung, von West nach Ost. In Aden trennten sich die Wege der beiden Agenten entsprechend ihrer unterschiedlichen Order. Covilha sollte nach Indien aufbrechen mit der nächstmöglichen Dau muslimischer Händler. Payva aber sollte über den Bab el-Mandeb, die Meerenge am Ende des Roten Meers, nach Äthiopien übersetzen, um zum Reich des »Negus« vorzustoßen, dem isolierten, lange ignorierten südöstlichen Vorposten des Christentums, mit dem es sich zu verbünden galt, um dem weiteren Vorstoß der Osmanen und Mauren Einhalt zu gebieten. Man einigte sich auf einen Treffpunkt in vielen Monaten in Kairo, und beide zogen nun getrennt ihrer Wege.

Wohl im Sommer desselben Jahres war Covilha angekommen an seinem Ziel: der südwestindischen Malabarküste, der »Region des Pfeffers«, wie sie die Araber nannten. Erreicht hatte er sie zunächst in Cananore, dort, wo elf Jahre später auch die Mannschaften Vasco da Gamas sich ihrer ersten Landsicht in Indien erfreuten. Ingwer und Kardamom, so verzeichnet Covilha, werde dort hauptsächlich umgeschlagen. Schließlich landete er in Kalikut. Er stand im Land, wo der Pfeffer wächst, insbesondere an den Hängen der West-Ghats, dem Gebirge hinter der Küste. Covilha notiert, dass die meisten anderen Gewürze aber von noch weiter her kämen. Der Zimt von einer Insel im Süden Indiens, Ceylon, und die so überaus begehrte Gewürznelke von weit abgelegenen kleinen Inseln hinter den großen Inseln im Osten, Molukken sollten sie heißen.

Pero de Covilhas Reise gehört zu den fantastischsten der Entdeckungsgeschichte. Ein Agent König Johanns II., allein auf sich gestellt, 8500 Kilometer und mehrere Reisejahre von der Heimat Lissabon entfernt, verkleidet als Bewohner der anderen, der östlichen Hemisphäre. Er war der erste Portugiese in Indien, wenn auch nicht der erste Europäer. Niccolo di Conti, ein venezianischer Kaufmann, der dafür eigens zum Islam konvertiert war und eine Muslimin geheiratet hatte, war 40 Jahre zuvor auf abenteuerliche Weise dorthin gelangt wie sein Landsmann Marco Polo 150 Jahre früher.

In Kalikut erkannte Covilha, dass er die Schaltstelle erreicht hatte, wo die Schiffe des chinesischen Einflussbereiches von den hinterindischen Handelsrouten anlegten und auf die arabischen Handelsschiffe stießen. Kalikut war der Ort, wo im Hafen die Dschunken neben den Daus lagen. Deren Besitzer, die Muslime aus dem arabischen Raum, hielten die wirtschaftliche und finanzielle Machtstellung in der indischen Hafenstadt. Covilha holte so viele Informationen ein über die Stadt und ihren Handel, wie er irgend konnte, ohne Argwohn zu erregen. Als er im Frühjahr 1489 Kalikut verließ, sah er seine Mission als erfüllt an. Er fuhr zunächst nach Norden, nach Goa, wo die Muslime auch die hoheitliche Macht innehatten, offiziell immer als Händler, der hier etwas einkaufte, dort etwas losschlug. Auch in Goa waren die Gewürze das erste Handelsprodukt vor Gold und Kupfer, Seide und Safran, Korallen und Quecksilber. Von Goa aus begab er sich zurück nach Hormus am Persischen Golf, damals eine ähnlich bedeutsame Hafenstadt wie Aden. Covilha war zurück in der arabischen Welt, der Region seiner zweiten Identität, deren Name leider nicht überliefert ist.

Bis hierhin war die Reise Covilhas durchaus eine Entdeckungsfahrt, obwohl

Folgende Doppelseite: 500 Jahre nach der Ankunft der Portugiesen und 50 Jahre nach Ende ihrer Kolonialherrschaft 1961 ist Goa heute ein beliebtes Ziel für Indien-Touristen.

eine Handvoll Europäer schon zuvor an die östlichen Randbereiche des muslimischen Herrschaftsraumes gelangt war, Einzelne sogar bis Indien. Und mancher unter den arabischen Handelspartnern des Abendlandes kannte die Strecke nach Kalikut wie seine Westentasche. Der Kurs, den er gemäß der Order König Johanns II. nun ansteuerte, führte durch nicht nur im Abendland völlig unbekannte Meere, selbst arabische Händler verirrten sich nur selten dorthin.

Von Hormus aus fuhr Covilha auf Daus arabischer Kaufleute entlang der afrikanischen Ostküste nach Süden. Zunächst nach Zeila im heutigen Somalia. Dort bestieg er ein Schiff, das ihn bis nach Sofala brachte, damals der südlichste von Muslimen besuchte Handelsposten, im heutigen Mosambik gelegen. Sofala unterhielt Handelsbeziehungen mit dem Munhumutapa-Reich im Innern des Kontinents, der großen vorkolonialen Zivilisation Afrikas, deren Spuren wir heute noch bewundern können. Zum Beispiel die aus gewaltigen Granitblöcken zusammengefügten Monumentalbauten von Groß-Simbabwe, der Stadt, die lange Zeit als Sitz der legendären Königin von Saba galt und heute zum UNESCO-Weltkulturerbe gehört. Vom 13. bis zum 15. Jahrhundert, bis kurz vor der Ankunft der Portugiesen, hatte es seine Blütezeit. Dschungelkarawanen brachten das Gold von Munhumutapas ertragreichen Minen an die Küste nach Sofala, wo es seinen Weg nach Norden fand. Das Gold kam nach Europa, doch von Groß-Simbabwe hatte man dort keine Ahnung. Covilha war der erste Europäer, der Sofala erreichte und Kunde davon brachte – als zufällige Erkenntnis auf der Suche nach dem Weg zu den Gewürzinseln, denn darum ging es.

In Sofala hörte Covilha nicht nur von einer großen Insel weiter südlich vor der afrikanischen Küste, von Madagaskar, der »Mondinsel«. Hier wurde ihm auch versichert, was zu jener Zeit – Diaz war bei Covilhas Abreise noch nicht wieder zurückgekehrt vom Kap – in Portugal nicht endgültig klar war: Afrika sei im Süden zu umschiffen. »Seeleute« hätten ihm dies glaubwürdig mitgeteilt, teilte er später mit. Indien war also über den östlichen Seeweg zu erreichen, eine Erkenntnis, die bei der Aufteilung der Welt durch den Papst im

Aden in einer Darstellung aus dem 16. Jahrhundert.

Im Hafen der Mosambikinsel – eine Station an der Küste Ostafrikas, die Pero de Covilha auftragsgemäß und im Verborgenen sondierte.

Vertrag von Tordesillas wenige Jahre später als Geheimwissen der Portugiesen eine Rolle gespielt haben dürfte.

Covilha war in Indien, der Drehscheibe der Gewürze, als Pfadfinder gewissermaßen, und er hatte nun auch die Gewissheit, dass es für die portugiesischen Karavellen einen Weg dorthin gab. Nun blieb dem Agenten nur noch, die Nachricht davon seinem Auftraggeber, König Johann II. im fernen Lissabon, zu übermitteln. Er kehrte zurück nach Kairo, wo er auf Afonso de Payva treffen wollte. Statt diesem traf er am vereinbarten Ort jedoch zwei Emissäre aus Lissabon, von denen er die Information erhielt, dass Payva tot war. Seinen Auftrag, Informationen über den christlichen Herrscher Äthiopiens und sein Reich beizubringen, hatte Payva nicht mehr erfüllen können. Diese Mission stand also noch aus, und die beiden Portugiesen, der Rabbiner Abraham aus Beja und der Schuhmacher Joseph aus Lamego, hatten die nachdrückliche Order ihres Königs im Gepäck, dass die Mission erledigt sein müsse, bevor sie die Heimreise antreten. Man schrieb inzwischen das Jahr 1490, und möglicherweise hatte sich die Dringlichkeit dieser Aufgabe für König Johann II. auch daraus ergeben, dass Diaz inzwischen vom Kap zurückgekehrt war und nun die große Frage im Raum stand, welche Bedingungen man entlang der ostafrikanischen Küste beim weiteren Vordringen antreffen würde. Und da war es nicht unwichtig zu wissen, ob es dort auch ein christliches Morgenland gibt als möglichen Stützpunkt in der ansonsten islamischen oder archaischen Welt.

Covilha ging nun also auch noch auf die Reise zum »Negus« – über Hormus, über Dschidda, Mekka, Medina und weitere Stationen, sodass er erst 1494 in Äthiopien ankam. Wo er fortan in der Falle saß, während man in Lissabon dringend auf Nachrichten von ihm wartete – und möglicherweise aus diesem Grund den Aufbruch Vasco da Gamas immer wieder hinausschob, bis 1498, als man von Covilha immer noch keine Informationen über den »Negus« erhalten hatte. Es wäre eine Erklärung für das große Rätsel in der portugiesischen Entdeckungsgeschichte: Warum wartete man mit der Fahrt nach Indien ein volles Jahrzehnt, nachdem Diaz mit seiner Reise zum Kap das Tor nach Südasien weit aufgestoßen hatte.

Immerhin: Bevor Covilha sich von seinen beiden Landsleuten Abraham und Joseph trennte, hatte er ihnen noch einen Bericht nach Lissabon mitgegeben über Kalikut und den Weg dorthin, über den Gewürzhandel und den dortigen Herrscher, den Zamorin, über die eigentliche Herkunft der Gewürze, über Ostafrika, Sofala und den offenen Seeweg um die Südspitze Afrikas. Diese Depesche ist nicht erhalten, doch ihr Inhalt ist überliefert in den Berichten, die Francisco Alvares nach seinem Besuch bei Covilha 1520 in Äthiopien verfasste. Der portugiesische Agent blieb dort bis an sein Lebensende im Jahre 1526. Den Lohn für seine wertvollen Informationen in seiner Heimat zu ernten und den Triumph beim König zu genießen blieb ihm versagt. Dass er darüber geklagt hätte, dass ihn der »Negus« nicht aus Äthiopien ziehen ließ, davon ist bei Alvares nichts zu lesen.

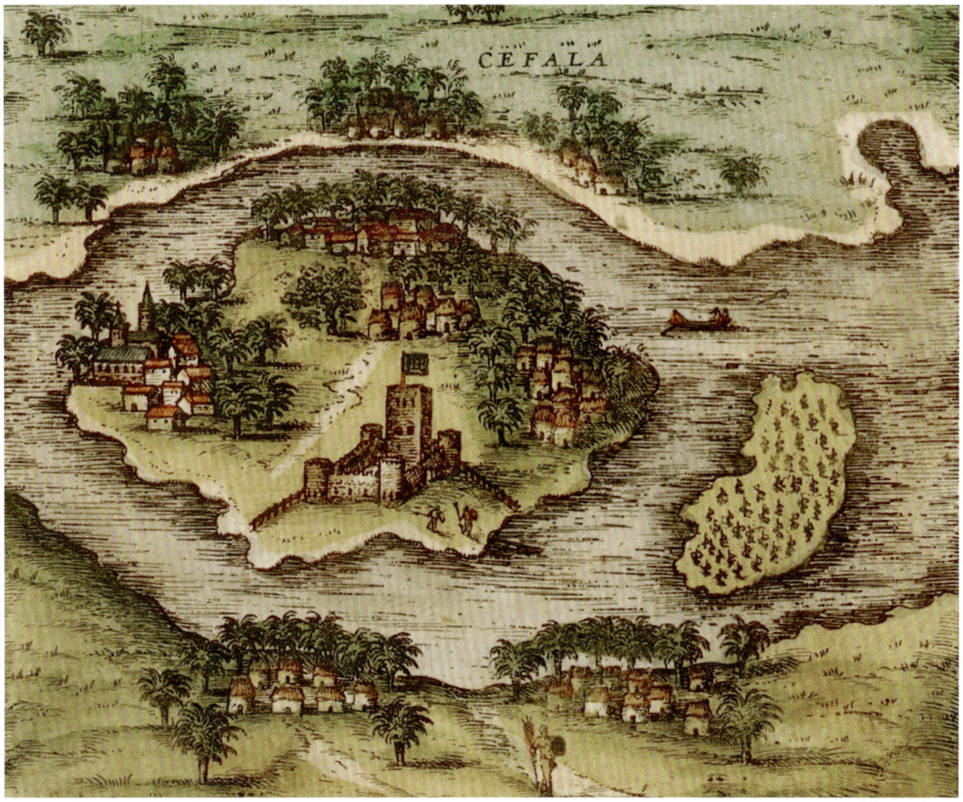

Vogelperspektive der ostafrikanischen Hafenstadt Sofala aus dem 16. Jahrhundert. Bis hierher, so vermutet man, konnte Covilha nach Süden vorstoßen. In Sofala erfuhr er, dass Afrika im Süden auf dem Seeweg umfahrbar wäre – was er seinem König über Boten mitteilen ließ.

sanpaio
Lopo
Lobo
Rezado
gaspar
dom vasco

Portugals Fuß in Südasien

Nach der geglückten Reise des Vasco da Gama befindet sich Portugal in einer zwiespältigen Situation: Das Königshaus und seine Seefahrtsbehörden verfügen nun über die nötigen Informationen für die Fahrt nach Kalikut, dem Knotenpunkt des fernöstlichen Gewürzhandels. Und seit dem Vertrag von Tordesillas auch über das päpstlich abgesegnete Monopol auf den östlichen Seeweg. Worüber man jetzt, im Wissen um die Umstände in Südasien, Genugtuung empfindet gegenüber den Spaniern, deren großer Seefahrer Kolumbus zu der Zeit – er kehrt gerade von seiner dritten Reise in die Karibik zurück – immer noch der Meinung ist, er habe Indien, Cathay (China) oder Zipango (Japan) erreicht. Auch noch nach seiner vierten Reise vier Jahre später wird er diesem Irrtum anhängen.

Eine zeitgenössische Darstellung der Flotte da Gamas auf seiner dritten Reise nach Indien im Jahr 1524.

PORTUGALS FUSS IN SÜDASIEN

Zugleich ist den Portugiesen nach da Gamas Rückkehr endgültig klar, dass der wahre Ursprung wichtiger Gewürze, etwa der Nelken und des Muskat, noch viel weiter östlich liegt. Hinter Indien, hinter weiteren Ländern, Meerengen, Halbinseln und Inseln. Nochmals monatelange Seefahrten durch unbekannte Seewege, nochmals Ungewissheit über die Herrscher an diesen Gestaden. Und man fand in Indien keineswegs die komfortablen Handelsbedingungen vor, die man sich erhofft hatte. Der Zamorin von Kalikut ist unberechenbar, mal wohlwollend, mal abweisend. Aus einem Grund, der die Situation nicht erleichtert: Der Zamorin seinerseits ist weitgehend abhängig von den mächtigen arabischen Händlern, die die Wirtschaft der Stadt beherrschen. Und die – auch wenn sie sich bisweilen vordergründig kooperativ zeigen – den Zamorin unter Druck setzen, die neue Konkurrenz aus der Stadt fernzuhalten.

Daraus ergeben sich zwei Aufgaben für Johann II. und seine nun bald in Casa da India umbenannte Behörde für Seefahrt und Kolonialverwaltung: weitere Expeditionen auszurüsten für die Fahrt über Indien hinaus zu den Gewürzinseln und die Bedingungen für die Portugiesen in Indien zu verbessern; Brückenköpfe zu errichten für weitere Fahrten und um dort unbehindert Handel treiben zu können. Lissabon konzentriert sich in den nächsten Jahren zunächst auf Letzteres. Und man entscheidet sich nicht für den diplomatischen Weg. Man ist fest entschlossen, seine Interessen im fremden Land mit der nötigen Gewalt durchzusetzen.

Vasco da Gama bleibt für die Casa da India weiterhin ein entscheidender Stratege, doch die nächste Ausfahrt nach Indien wird nicht er, sondern ein gewisser Pedro Alvarez Cabral leiten. Eine unbekannte Größe. Auch bei ihm erschließt sich den Entdeckungshistorikern nicht, was ihn für das Unternehmen qualifizierte. Bekannt ist lediglich, dass er wie Vasco da Gama aus vornehmem Hause stammte und sein Vater ebenfalls Alkalde (Gouverneur) einer portugiesischen Provinz war. Nicht ausgeschlossen, dass seine wertvollste Trumpfkarte seine Ehe mit einer der Hofdamen der Königin war.

Die Flotte, mit der Cabral im März 1500 in See sticht, geht in ihrer Größe weit über die für eine Erkundungsmission oder zur Aufnahme von Handelsbeziehungen hinaus. 1500 Seeleute reisen mit ihm, verteilt auf 13 Schiffe. Ganz offensichtlich geht es auch um eine Demonstration der Macht. Es ist der bisher größte Schiffsverband, der sich nach Süden aufmachte. Nach einer längeren Pause, die Cabral auf den Kapverdischen Inseln einlegen muss, weil sich die Schiffe aus den Augen verloren haben und erst wieder sammeln müssen, folgt auch er den Meeresströmungen nach Südwesten, um durch diesen Umweg Zeit zu sparen. Er holt allerdings so weit aus, dass er auf seinem Weg, der ihn doch nach Indien führen soll, auf eine wundersame Küste stößt. Kupferfarbene Menschen wohnen dort, die nichts mit Afrikanern gemein haben. Vor allem aber ist der Pflanzenwuchs weitaus üppiger als an der Küste des schwarzen Kontinents. Cabral ahnt, dass er die westliche Hemisphäre erreicht

König Johann III. bestieg 1521, zwei Jahre vor da Gamas letzter Indienfahrt, den Thron.

Vasco da Gama (rechts mit ausgestreckter rechter Hand) war sich in Indien nicht immer klar darüber, wen er vor sich hatte. Hier ging er – wie oft – zu Unrecht davon aus, mit Christen zu sprechen.

haben könnte, die des Kolumbus und der Spanier.

Manche meinen heute sogar, Cabral habe vorher genau gewusst, was er dort »entdecken« würde – noch bevor Kolumbus als erster »Spanier« seinen Fuß auf das südamerikanische Festland setzte, was auch erst auf dessen dritter Fahrt im Jahre 1500 geschah. Und richtig: Der Vertrag von Tordesillas (Kasten S. 118) teilt zwar den Atlantik von Nord nach Süd, gibt den Spaniern den Westen und den Portugiesen den Osten, doch die Linie verläuft so weit westlich, dass sich vom Gebiet des heutigen Brasiliens ein großer Halbkreis später als zur portugiesischen Sphäre gehörend herausstellt. Später? Angesichts offenbar mehrerer geheimer Expeditionen Portugals ist nicht auszuschließen, dass der Abstecher Cabrals auf Vorwissen basierte – Vorwissen, das womöglich schon vor dem Vertragsschluss von Tordesillas vorhanden war? Nahe der heutigen Stadt Porto Seguro im Bundesstaat Bahia lässt Cabral einen Wappenpfeiler in die brasilianische Küstenerde rammen und nimmt das Land für seine Krone in Besitz – der Beginn einer Jahrhunderte währenden Kolonialherrschaft.

Cabral lässt seine stattliche Flotte die Anker lichten. Eines seiner Schiffe schickt er zurück nach Lissabon. Mit an Bord Brasilholz, Papageien und Aras, um die Landnahme in Südamerika zu dokumentieren. Die anderen zwölf Karavellen setzen Segel mit Kurs Kap der Guten Hoffnung, wo ein verheerender Orkan über die Flotte hereinbricht. 22 Tage halten die entsetzlichen Stürme an, vier Schiffe gehen zugrunde, mit ihnen auch Bartolomeo Diaz, der eines der Schiffe befehligte. Der Mann, der mit der Entdeckung der Südspitze Afrikas die letzte Etappe für Vasco da Gama öffnete, stirbt 13 Jahre später an dieser Stelle den Seemannstod. Er selbst war es, der bei seiner ersten Fahrt hierher den Ort »Kap der Stürme« genannt hatte. Die restlichen Karavellen gelangten ohne weitere Behinderungen über Melinde nach Kalikut.

Die Portugiesen sind zurück in Indien. Ihr Empfang durch den Zamorin gestaltet sich zunächst freundlich. Er gestattet ihnen sogar, eine Faktorei für ihre Handelsgeschäfte mit den Gewürzen einzurichten. Und nicht nur das: Die Vertreter Lissabons erhalten sogar das Recht, alle anderen Schiffe, die sich in diesen Handel

Zamorin

Als von Vasco da Gamas Schiffen am 18. Mai 1498 vor Kalikut die Anker fielen, war Indien alles andere als ein zentral regiertes Land. Das islamische Mogulreich im Norden des Subkontinents war seit einem Mongolen-Einfall Ende des 14. Jahrhunderts geschwächt, hatte indes sowieso nie die Südwestküste mit Kalikut erreicht. Sie war seit der Antike und bis ins Mittelalter von tamilischen Dynastien beherrscht. Zur portugiesischen Zeit regierten an dem Küstenstreifen mehrere regionale Könige, die Zamorins, die dem hinduistischen Glauben anhingen. Immer wieder versuchten Einzelne von ihnen vergeblich, auch hier ein Großreich zu gründen. Bei da Gamas Ankunft hieß der Zamorin von Kalikut M'navikraman Raja. Dessen Souveränität, dies musste der Portugiese allerdings schnell feststellen, war durch die mächtigen arabischen Händler in seiner Stadt stark eingeschränkt.

Im indischen Cochin, wo da Gama 1524 starb, lebt noch heute eine recht große Christengemeinde.

Die Flotte Pedro Alvares Cabrals, der 1500 auf dem Weg nach Indien Brasilien entdeckte.

einmischen wollen, aufzubringen und zu beschlagnahmen, mithin ein Handelsmonopol. Ein Affront gegen die Araber. Doch wieder schälen sich schnell die wahren Machtverhältnisse heraus. Die in Kalikut besser verwurzelten und vernetzten muslimischen Kaufleute machen Stimmung gegen die Europäer, sorgen dafür, dass die Faktoreien gestürmt werden, wobei etwa 50 Portugiesen den Tod finden. Schnell ist er ausgeträumt, der Traum vom portugiesischen Monopol in Indiens Handelszentrum. Cabral segelt wieder ab, nicht ohne vorher alle 15 im Hafen liegenden, teilweise für die Abfahrt voll beladenen Schiffe der arabischen Händler zu plündern, in Brand zu stecken und zu versenken. Und schließlich die Kanonen auf Kalikut selbst zu richten.

Die Europäer verlassen die große Stadt, die über Jahrzehnte ihr großes, fernes Ziel war, im Krieg. Doch sie segeln nicht heim, sondern nur wenige Meilen weiter nach Süden, nach Cochin, von dessen Raja sie wissen, dass er als Tributpflichtiger von Kalikut in dessen Gegnerschaft steht. Dasselbe gilt für Cananore etwas nördlich von Kalikut. In beiden Städten findet Cabral nicht nur willkommene Aufnahme, die Portugiesen können auch Gewürzladungen erstehen, die die Frachträume bis unter die Luken füllen. Und auch hier wird ihnen das Recht eingeräumt, Faktoreien einzurichten – für längere Zeit.

Die Flotte segelt nach Lissabon zurück. Am 13. Juli 1501 trifft Cabral in der Heimat ein. Als Kommandant des ersten Geschwaders, das nun eindeutig nicht mehr auf Entdeckungsreise war. Es sind Frachtschiffe, die die ersten Schiffsladungen der begehrten Gewürze auf direktem Wege aus Asien nach Europa geholt haben – unter Ausschaltung des arabischen Zwischenhandels. Doch nicht nur die arabischen Stationen sind nun umgangen, die Ankunft Cabrals ist zugleich eine entscheidende Stufe im Niedergang der Handelsrepubliken Venedig und Genua. Deren großes Geschäft war der Orienthandel mit Alexandria und der Levante gewesen, und diese Zeit neigt sich nun dem Ende zu, da Portugal sich anschickt, eigenen Kolonialbesitz in Indien zu begründen.

Weitere Reisen in ähnlicher Größenordnung folgen. Auch Vasco da Gama fährt wieder los, 1502, diesmal sogar mit 21 schwer bewaffneten Schiffen, aufgeteilt in drei Geschwader, an Bord eine gehörige Truppenmacht zur Durchsetzung ko-

Mazis, auch »Muskatblüte« genannt, ist der Mantel der Muskatnuss. Er wird zum Würzen von Gebäck und Fleisch verwendet.

Der Sarkophag Vasco da Gamas in der Klosterkirche Santa Maria in Belém nahe Lissabon.

lonialer Ansprüche, offenbar fest entschlossen, in einen Krieg zu ziehen. Schon auf der Hinfahrt nach Kalikut lässt Vasco da Gama ein Schiff mit 300 Mekkapilgern unbarmherzig versenken. In Kalikut angekommen, beginnt er sofort die Schlacht, lässt die Stadt in Schutt und Asche legen, befiehlt dem Zamorin, alle Araber aus der Stadt zu jagen und lässt, als das nicht schnell genug geschieht, einige von ihnen an den Rahen seiner Schiffe aufhängen. Immerhin gelingt es da Gama, durch eine Mischung aus kriegerischer Gewalt, Anzettelung von Intrigen unter indischen Herrschern und arabischen Händlern, erzwungenen Handelsverträgen und anderen Winkelzügen für eine gewisse Zeit einen Brückenkopf an der Malabarküste für sein Land zu errichten. 1503 entsteht in der südindischen Hafenstadt Cochin das erste massive Fort von Europäern in Asien. Es trägt den Namen des portugiesischen Königs Manuel.

Ursprünglich war da Gama im indischen Cochin bestattet worden, wo heute noch in einer Kirche eine Grabplatte an ihn erinnert.

Da Gamas zweite Reise steht im Zeichen ungeheuren Blutvergießens. Es ist der Beginn der Kolonialherrschaft Portugals in Indien. Als er im Oktober 1503 von seiner zweiten Reise zurückkehrt, zieht er sich für anderthalb Jahrzehnte aus der Seefahrt zurück. Er bekommt vom König eine stattliche Rente zugesprochen, wird Angehöriger des Hofes, mit Lehngütern und anderen einträglichen Besitzungen bedacht sowie von allen Steuern befreit für die Handelswaren, die er aus Indien bezieht. Er steigt in den Hochadel auf, wird zum Herzog ernannt.

Als König Manuel 1521 stirbt, erteilt sein Nachfolger Johann III. dem großen ersten Indienfahrer der Nation noch einmal einen gewichtigen Auftrag. Die Herrschaft der Portugiesen in den von ihnen eroberten Orten Südindiens ist unter dem Vizekönig Eduardo de Menezes zunehmend beeinträchtigt von Misswirtschaft und Korruption. Vasco da Gama, erfahren in militärischen und diplomatischen Angelegenheiten in Übersee, soll die Zustände bereinigen. Er sticht – schon in Lissabon zum Nachfolger von Menezes ernannt – im Jahr 1524 in See. Als er in Goa ankommt, wo die Portugiesen inzwischen ihr Herrschaftszentrum in Indien errichtet haben, setzt er Menezes ab, leitet Verwaltungsreformen ein und setzt regelmäßige Soldzahlungen an die Soldaten vor Ort durch. Doch er leidet schon bald an einer schweren Infektionskrankheit. Drei Monate nach seiner Ankunft in Indien, im Dezember 1524, stirbt Vasco da Gama in Cochin. Zunächst wird er in einem dortigen Kloster beigesetzt, 1538 werden seine Gebeine nach Portugal überführt.

Francesco d'Almeida, Tristan da Cunha, Francesco und Alfonso d'Albuquerque waren seit Vasco da Gamas Auszeit zwischen seiner zweiten und dritten Reise in den Vordergrund des portugiesischen Engagements in Richtung Indien gerückt. Sie werden nun auf den Weg geschickt, um in und um Kalikut mit stark schwankendem Erfolg die Stellung Lissabons zu halten. Fast alle kehren sie reich beladen mit Zimt, Kardamom, Gewürznelken und Muskat nach Lissabon zurück. In Portugal erzielen die Frachten das Zehn- bis Hundertfache des Einkaufpreises an der Malabarküste. Faktoreien werden gegründet in Indien, Faktoreien werden überrannt, es gibt taktische Friedensschlüsse, gegenseitiges Ausspielen der örtlichen Herrscher in Indien, erneute Krieg – Portugal erlebt in den ersten Jahren des 16. Jahrhunderts in seinem Bestreben, in Südasien Fuß zu fassen, ein Auf und Ab.

Albuquerque war es, der begriff, dass es das kleine Land Portugal überfordern würde, seine Herrschaft im weit entfernten Indien auf Landbesitz zu gründen. Man sicherte sich Goa – etwa in der Mitte der Westküste – als Stützpunkt und verlegte sich fortan darauf, seine Herrschaft und seine Interessen im Gewürzhandel auf dem indischen Subkontinent auf seine Seestreitmacht zu gründen. Dabei immer eines im Blick: das Bemühen um das weitere Vordringen zu den Gewürzinseln. Zur Quelle des Reichtums, dorthin, wo er an den Bäumen wächst und nur geerntet werden muss.

Afonso de Albuquerque, der für die Portugiesen Malakka eroberte – damals fernöstlicher Hauptumschlagplatz für den Gewürzhandel an der gleichnamigen Meeresstraße.

Die Hafenstadt Cananore, in der die Portugiesen freundlichere Aufnahme fanden als in Kalikut etwas weiter südlich.

Die vergessenen Gewürzinseln

Wer heute die weite Reise von der indonesischen Hauptstadt nach dem winzigen Archipel der Banda-Inseln auf sich nimmt – mit einigen Zwischenstationen, um in immer kleinere Flugzeuge zu steigen – der sollte sich auf der letzten Etappe in der zweimotorigen Maschine einen rechten Fensterplatz sichern. So wird ihm eine Stunde nach dem Start vom Flughafen in Ambon ein unvergessliches Erlebnis zuteil. Erst schiebt sich der Gunung Api ins Fenster, ein mächtiger Vulkan, der es unmittelbar aus der Banda-See auf 650 Meter Höhe bringt.

Fort Belgica auf der Muskatnuss-Insel Banda Neira in Indonesien. Erbaut wurde es von den Niederländern, die die Portugiesen im 17. Jahrhundert als Kolonialmacht der Gewürzinseln ablösten.

Bisweilen dringt oben eine Rauchfahne aus seiner Spitze, hin und wieder bricht er sogar aus. Unmittelbar hinter ihm taucht anschließend eine fast rechteckige Insel auf, Banda Neira, mit dem kleinen Städtchen Neira unter Kokospalmen. Wiederum dahinter umrahmt wie ein liegender Neumond ein weiteres Eiland das ganze Ensemble, ein sehr lang gestrecktes – einst wohl die Wand der Caldera eines gewaltigen prähistorischen Vulkans: Banda Besar – Groß-Banda.

Der Pilot reißt das Steuer zu einer scharfen Rechtskurve herum, sodass der Blick fast senkrecht hinunter geht auf die Landebahn. Schon von hier oben erkennt der Besucher das Besondere dieses Flugplatzes: Die Piste führt den Berg hinauf. Und richtig, kaum ist die Kurve vollendet, ist die kleine spanische Casa-Maschine hinabgetaucht und hat aufgesetzt, da drückt die Steigung den Passagier wieder in die Sitzlehne, auf halber Höhe passiert die Casa links den Flughafen-Bungalow, an dem die Jungs warten, die sich kurz vorher hier auf der Asphaltbahn noch Mopedrennen lieferten oder sich im Fußball am Hang übten. Was sie auch gleich wieder beginnen werden, wenn die Casa umgedreht und vor dem Gebäude angehalten hat. Gelandet wird hier jedenfalls immer bergauf und gestartet bergab, egal, woher der Wind weht. Denn statt des Luftzuges, wie an jedem anderen Flughafen der Welt, sorgen hier Steigung und Gefälle für Bremskraft oder Auftrieb.

»Willkommen auf Banda Neira« ist vor dem Eingang des Terminal-Häuschens mit bunten Steinen in ein Blumenbeet geschrieben. Man könnte zu Fuß ins Städtchen hinuntergehen, gleich die Abkürzung durch die Büsche nehmen zu den zwei Hotels unten am Hafen, wo ab und zu ein kleiner, verrosteter Frachter festgezurrt liegt. Doch die Fahrer von Des Alwi sind schon da mit ihrem Bemo, um die Gäste abzuholen. Beide Hotels gehören ihm, dem Inselkönig. Er ist nach der Bergauf-Landebahn die nächste Besonderheit von Banda Neira: Der Inselkönig, so wie wir ihn aus Büchern von Jack London oder Joseph Conrad über die Südsee kennen, ungekrönt zwar, aber mächtig.

Der 83-jährige Des Alwi ist der größte Arbeitgeber auf Banda mit seinen beiden Hotels. Statt Sternen zeichnet sie liebevoller morbider Charme und eine große Wiese am Strand aus. Tauchsportler sind es heute meist, die bei ihm absteigen, angezogen von Bandas bunten Riffen. Er hat einst das Fernsehen auf die Insel gebracht. Er hat das kleine Insel-Museum eingerichtet, das von der großen Geschichte des Archipels erzählt, die er auch in seinen Büchern schildert: die Geschichte der sagenhaften Gewürzinseln. Ihm gehören die Fahrgast-Boote, die man für den Törn von Insel zu Insel im Archipel chartern kann. Er ist Veranstalter, Sponsor und oberster Schiedsrichter des alljährlichen »Kora-Kora«, des pittoresken Rennens, in das jede der insgesamt sieben Inseln ein lang gestrecktes Drachenboot mit zwei Dutzend Paddlern schickt, eingeschlossen ein Trommler, der den Takt vorgibt und so kräftig antreibt. Und Des Alwi unterhält an seinem Strand vorn zwei Becken, in denen Haifische leben. Sie scheinen ähnlich alt

Eine botanische Zeichnung des Muskatzweigs in der Blüte sowie eine schematische Darstellung der Baumfrucht.

Willem van der Brugge zeigt die fast reifen Muskatfrüchte seiner Plantage auf Banda Besar.

Folgende Doppelseite: Sonnenuntergang an der Südküste Ambons. Heute beheimatet die Insel Ambon Kota, die dicht bevölkerte aber abgelegene Hauptstadt der indonesischen Provinz Malukku, den einst so begehrten Gewürzinseln.

und ähnlich beleibt wie er, tauchen ab und zu müde auf und ernähren sich von den Fischbrocken, die er ihnen ein-, zweimal am Tag eigenhändig hineinwirft – wenn denn der Vielbeschäftigte gerade auf der Insel weilt.

Dann aber haben die Hotelgäste Glück, denn dann kauft er von den Thunfisch-Anglern für ein paar Dollar am Nachmittag ein ganzes Exemplar ein – das auf dem Fischmarkt in Tokio viele Tausend Dollar kosten würde –, und er unterhält sich abends beim fangfrischen Sashimi-Snack mit den Gästen über Indonesien, erzählt von seinem Bekannten Suharto, dem korrupten früheren Präsidenten Indonesiens, von Gott und der Welt; davon, wie er die Natur seiner Inseln schützt, in dem er im Flugzeug aufsteigt und Flaschen auf jene Übeltäter wirft, die draußen am Riff mit Dynamit fischen. Und von den Teilnehmern an den Unabhängigkeitskämpfen gegen die Niederländer nach dem Zweiten Weltkrieg spricht er dann, von denen er einige der wichtigsten kennengelernt hat. Er, der 1927 auf Neira in eine wohlhabende Händlerfamilie mit arabischen Wurzeln hineingeboren wurde und über sagenhafte Zufälle zum Kosmopoliten avancierte, als Journalist, Autor und Geschäftsmann in halb Europa arbeitete – und als Sponsor Bandas in seine Heimat zurückkehrte. Abende mit Des Alwi gehören zu den größten Erlebnissen an diesem anderen Ende der Welt, bei denen gesprächsweise mal eben der Globus umspannt wird, während man abgelegener nicht weilen könnte. Inmitten der Weiten

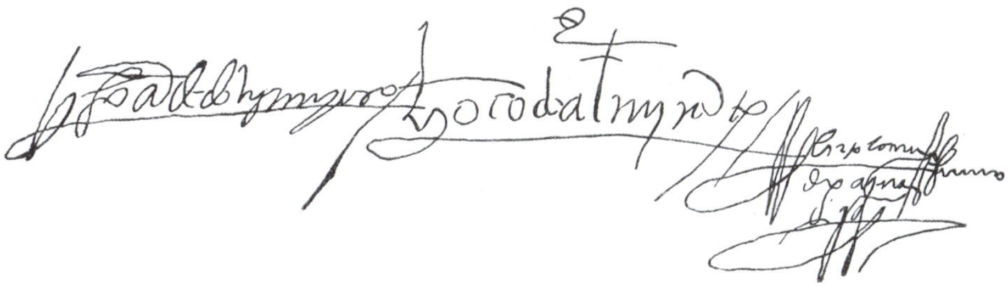

Namenszug Vasco da Gamas und zweier Zeugen. Er huldigt Johann III., der ihn zum Vizekönig von Indien ernannt hatte (1524).

der Banda-See, nur wenige Hundert Meilen vor dem Inbegriff des Archaischen auf der Welt, der Insel mit den Steinzeitmenschen – Neuguinea. Des Alwi sagt von sich: »Meine Position ist ähnlich der des Sultans von Brunei [einer der fünf reichsten Männer der Welt, U.K.] mit dem Unterschied, dass er Öl hat und ich nur Muskatnüsse.«

Banda ist der abgelegenste Archipel der Molukken, einer der östlichen Provinzen Indonesiens. So entlegen, dass die Niederländer während der Befreiungskriege der Indonesier gegen die Kolonialmacht meinten, die gefährlichsten Kämpfer hierher verbannen und ohne größeres Risiko frei herumlaufen lassen zu können. Es war der Anfang von Des Alwis Aufstieg und seinem Beziehungsnetzwerk im dann unabhängigen Indonesien.

Nur sehr wenige Autos fahren durch die Gassen von Banda Neira. Zwischen den kleinen Hütten finden sich vier, fünf prachtvolle, von erhaben klassischen Säulengängen eingefasste Paläste, die zeigen, dass Banda Neira auch mal andere Zeiten kannte. Zwei überaus wuchtige, achteckige Forts deuten an, dass der Wohlstand, der hier in früheren Jahrhunderten herrschte, ab und zu erbittert verteidigt werden musste. Zeugen einer bewegten Geschichte, die in dem heute so verschlafenen Nest eher deplatziert erscheinen.

Wer sich von einem der Boote Des Alwis die zwei Kilometer übersetzen lässt von Banda Neira nach Banda Besar, vorbei am unheimlichen Vulkan Gunung Api, der sieht sich dort umgeben von den Bäumen, aus denen der Wohlstand erwuchs, der die Kolonialpaläste hervorbrachte. In der Plantage von Willem van der Brugge etwa, dessen Vorfahren im 17. Jahrhundert aus den Niederlanden einwanderten und der jetzt als Perkenier, als Plantagenbesitzer, in einem weiß gestrichenen Landhaus lebt. Auf seiner Terrasse serviert er seinem Gast Tee. Umgeben ist das Gebäude von einem kleinen Wald, in dem sie wächst – die Muskatnuss. Unscheinbar fast, auf den ersten Blick ähnlich dem gemeinen Pfirsich. Und doch hätten sie damals in Europa, zu Beginn der Neuzeit, im 15. Jahrhundert, ein Vermögen gegeben, hätte ihnen jemand den weiten Weg gewiesen zu den Knollen, die über Dutzende Stationen von hier nach Europa verfrachtet wurden und dort nach heutiger Währung viele Millionen wert waren. Nur hier, auf dem Banda-Archipel, waren die Muskatnüsse damals zu Hause. Mit kleinen Plastiknetzen, die an vier, fünf Meter lange Stangen montiert sind, pflückt

Die Nelkeninsel Maitara zwischen Ternate und Tidore hat eine Ausdehnung von etwa eineinhalb Kilometern.

Vasco da Gama in Indien, dargestellt als Held. Die Gewürzinseln erreichte er nie.

heute der alte van der Brugge die Muskatnüsse von seinen Bäumen herunter. Ein dünner Rauchschleier steht in dem kleinen Wäldchen. Aus dem Wellblechschuppen hinten an der Grenze zur Nachbarplantage dringt der Rauch, vielleicht 100 Meter von seinem Wohnhaus entfernt. Dort werden die Muskatnüsse getrocknet, über einem Feuer, das aus den Schalenresten der Nuss entfacht wurde. Willem van der Brugge hat sein Auskommen. Er verkauft seine Ernte an einen Händler, der sie hinüberbringt zum Hafen in Neira: die Muskatnuss und die Hülle der Nuss, der Mazis, der als Kuchengewürz Verwendung findet. Einmal im Monat wird alles abgeholt. Reich aber wird van der Brugge nicht von den in Europa einst unbezahlbaren Muskatnüssen. Eine Diskrepanz, die die Jahrhunderte überdauerte.

Etwa eine Flugstunde von Banda entfernt liegt Ambon, heute die Hauptinsel der Molukken. Das Zentrum der Stadt Ambon Kota wird über viele Hektar vom gewaltigen Fort Victoria ausgefüllt, das die Niederländer hier im 18. Jahrhundert errichteten. Noch einmal anderthalb Stunden weiter nach Norden, und in den rechten Fenstern des Flugzeugs taucht unten in der Molukken-See eine Kette von winzigen, grün überwucherten Vulkankegeln aus dem Meer, ein halbes Dutzend insgesamt. Kein Platz für Weg, Steg oder Haus scheinen sie zu bieten an den steilen Hängen. Auf den ersten Blick jedenfalls. Und doch findet die zweimotorige Maschine der Merpati-Airlines nach zwei Schwüngen im steilen Sinkflug eine anderthalb Kilometer lange Betonpiste auf der letzten der Inseln, von Süden aus gesehen. Sanft setzt sie auf. Kurz zuvor war unten sogar noch ein kleines Städtchen unter dem Flugzeug hindurchgerast – Ternate. So heißt die Insel, und so heißt die Stadt, die im Schatten des mächtigen Gamalama liegt, des Vulkans, der die ganze Insel ausmacht – auch er ist noch nicht gänzlich verstummt. Neun Kilometer misst die Insel Ternate im Durchmesser. Auch wenn es aus dem Flugzeug nicht so aussah – es gibt eine Landstraße auf der Insel, die immer an der Küste entlangführt. An ihr kann man im Kleinen nachvollziehen, was die spanischen und portugiesischen Entdecker im 16. und 17. Jahrhundert, die die

Welt einmal vollständig umsegelten, und ihre Nachfolger auf abenteuerliche Weise vormachten: Losfahren und immer in dieselbe Richtung weiter – und nach einer Weile an derselben Stelle ankommen, ohne dass die große Biegung, sei es die um den ganzen Globus oder diese hier nur um den Vulkan Gamalama, zu spüren gewesen wäre.

Wer die Insel auf dieser Straße einmal umrundet, der sieht auch hier, mehr noch als auf Banda, Zeugen der bewegten Vergangenheit der Insel. Ruinen dickwandiger Forts europäischer Kolonialmächte säumen die Chaussee. Darunter Fort Toloko, nur zwei Kilometer nördlich der Stadt Ternate. Errichtet wurde es noch von dem ersten Portugiesen, der seinen Fuß auf diese Insel setzte: Francisco Serrao, im Jahre 1512. Nur eine Seemeile südlich von Ternate liegt der nächste Vulkankegel, ähnlich steil, ähnlich bewaldet, nur etwas lang gestreckter. Auch er ist von einer einzigen Landstraße an der Küste umringt. Keiner der Feuerberge auf diesen Inseln der nördlichen Molukken gilt als endgültig erloschen. Alle können sie noch ausbrechen. 1988, als der Vulkan auf Makian, der übernächsten Insel Richtung Süden, nach 100 Jahren wieder mal ausbrach, baute sich einen Tag lang ein Naturschauspiel auf. Zehn, 15 Kilometer stieg die Säule aus Rauch und Asche empor, verwirbelte sich ganz oben, in der Stratosphäre, wie ein überdimensionaler Atompilz, bevor der Himmel anschließend drei Tage lang fins-

Der Vulkan Hiri, von der Gewürzinsel Ternate aus gesehen, mit den dort typischen Ausleger-Kanus.

ter war, als sei die Morgendämmerung auf ewig programmiert.

Was beim Anflug auf Ternate aus den Flugzeugfenstern nicht zu sehen war: Das Blattwerk am Hang dieses fernen, isolierten Ternate wird auch getragen von Bäumen, die Weltgeschichte machten, die darüber viel erzählen könnten. 500 Jahre alte Nelkenbäume, bei denen dann – um im Bild zu bleiben – sicher auch gehöriger Stolz mitschwingen würde. Waren doch die Gewürznelken, auch wenn sie am anderen Ende der Welt wuchsen, seit Jahrtausenden kostbarer Bestandteil auch der Kultur des Abendlandes. Bei den Griechen und Römern, zuvor bereits bei den Ägyptern, im Mittelalter dann auch weiter im Norden, als begehrte Ware im Handel der Hanse etwa.

Anstrengend genug ist es für den Besucher, den Hang zu erklimmen, der rund um die Insel mit 30, 40 Grad hinaufsteigt. Die Menschen aber, die zur Erntezeit hier oben auf die Bäume klettern, müssen ihre gefüllten schweren Körbe hinabtragen in das Städtchen Ternate. Zum Markt, wo die Zwischenhändler die Ware übernehmen, um sie an die Fabriken weiterzuverkaufen, in denen sie in die »Kretek«-Zigaretten eingearbeitet werden, in denen sie, einmal angezündet, nicht nur exotisch duften, sondern auch jenes charakteristische

Verfallene niederländische Festung aus dem 17. Jahrhundert an der Nordküste Ambons.

Repräsentative Kolonialbauten in der »Hauptstadt« der winzigen Muskat-Insel Banda Neira.

Knallen oder Knistern verursachen, das dieses ganz besondere indonesische Tabakprodukt auszeichnet. Das ist heute die hauptsächliche Verwendung der hiesigen Nelken, die einst nur hier wuchsen, in Ternate, so wie die Muskatnuss nur in Banda. Abgesehen von der nahen Zwillingsinsel Tidore, auf deren ebenso steilem, grünem Kegelberg die Gewürznelke auch heimisch war seit urdenklichen Zeiten.

Zwei Inseln wie zwei Geschwister, die den beiden europäischen Weltmächten der beginnenden Neuzeit hier am anderen Ende der Welt Platz boten für ihre kolonialen Träume. Und richtig: Hier sollten sie aufeinandertreffen, Spanien und Portugal, nachdem die Seeleute des einen Landes rechts herum und die des anderen links herum um den Globus gesegelt waren. Das halbe Dutzend Forts, deren Reste die einzige Straße der Insel rings um den Gamalama auf Ternate säumen, zeugt heute davon, wie erbittert die Europäer hier ihre Besitzrechte zu wahren suchten. Nachdem sie die Inseln erreicht hatten, die der Beweggrund ihrer damaligen Ausfahrten seit der Zeit Heinrich des Seefahrers waren. Ob sie Kolumbus hießen, Bartolomeo Diaz oder Vasco da Gama. Ob über den östlichen Seeweg, wie die Portugiesen, die ihn sich nach und nach, Ozean um Ozean, Land um Land erschlossen. Oder über den westlichen, den unbekannten Weg, über den mörderischen, endlos scheinenden Pazifik.

»Kretek«-Zigaretten mit zugesetzten Gewürznelken sind eine indonesische Spezialität.

Der Vertrag von Tordesillas

In Sevilla liegt das Schriftstück aus dem Jahr 1494, im Archivo General de Indias, auf festem Papier ausgefertigt, wenn auch ein wenig vergilbt: der Vertrag von Tordesillas, ein Kontrakt von denkbar weitreichender Bedeutung. Teilte er doch den ganzen Globus in zwei Hälften, vergab die westliche an Spanien, die östliche an Portugal. Damals, Ende des 15. Jahrhunderts, waren dies die beiden Supermächte des christlichen Abendlandes, heute stehen sie eher in der zweiten und dritten Reihe des Weltgeschehens.

Im Jahre 1481 hatte Papst Sixtus IV. in seiner Bulle »Aeterni Regis« alle Gebiete südlich der Kanarischen Inseln dem König in Lissabon zugeschrieben. Zwölf Jahre später, nach der Rückkehr des Kolumbus von seiner ersten Fahrt in die Karibik, war die Bulle überholt. Zeichnete sich doch nun ab, dass künftige Gebietsstreitigkeiten zwischen den iberischen Ländern nicht entlang einer Grenze zwischen Nord und Süd entbrennen würden. Kolumbus war nach Westen gesegelt und fündig geworden, um welches Land auch immer es sich dort handelte. Die Portugiesen waren zwar noch dabei, immer weiter nach Süden vorzudringen, doch längst war klar, dass sie damit nur das Südende Afrikas suchten, um von dort aus weit nach Osten vorzudringen.

Die erste Seite des Vertrags von Tordesillas, der die Aufteilung der Erdkugel zwischen Spanien und Portugal besiegelte.

Wenn es also um die Aufteilung der Welt gehen sollte, um die Regeln beim Wettlauf zu den Gewürzinseln, konnte es nur um eine Grenzziehung zwischen Ost und West gehen. Am 4. Mai 1493 erließ Papst Alexander VI., ein Spanier, die Bulle »Inter Caetera«, in der er alle Gebiete »hundert Leguas westlich und südlich der Azoren« (1 Legua = 4,8 Kilometer) den Spaniern zusprach. Bereits christianisierte Gebiete sollten davon ausgenommen sein. Von Portugal war in dieser Bulle nicht die Rede. Entsprechend ungehalten war König Johann II. in Lissabon über die päpstliche Order, zumal der Papst im September 1493 in einem weiteren Bescheid auch noch alle Inseln und das Festland Indiens seinem Heimatland Spanien zusprach. Kolumbus gab sich zu dem Zeitpunkt zwar fest davon überzeugt, dass er Indien erreicht hatte, doch König Johann II. hatte daran große und berechtigte Zweifel, denn seine Informationen ergaben etwas anderes. Umgehend nötigte er das spanische Königshaus zu Verhandlungen mit dem Ziel der Nachbesserung – so mächtig waren die kurz zuvor noch bettelarmen Portugiesen als Seemacht zu jener Zeit schon. Vor allem lag Johann II. an einer erheblichen Verschiebung der Nord-Süd-Linie nach Westen, was seine eigenen Rechtsansprüche im atlantischen Bereich erweitern würde.

Das Ergebnis dieser Verhandlungen: Am 7. Juni 1494 unterzeichneten Vertreter beider Königreiche im spanischen Tordesillas einen Vertrag, an dem der Papst nicht mehr beteiligt war und der dessen Bescheide zu Makulatur machte. Die neue Linie von Nord nach Süd durch den Atlantik verlief nun 370 Leguas westlich der Kapverdischen Inseln. Namentlich wurde den Spaniern dabei unter anderem »Zipangu« zugeschlagen, das Kolumbus nach seiner ersten Überfahrt entdeckt haben wollte – ein famoser Irrtum, denn mit Zipangu bezeichnete man damals Japan, das ja um ein Drittel des Erdumfangs weiter westlich lag. Kolumbus und in seiner Folge die spanische Weltsicht unterlagen seinerzeit einer grandiosen Unterschätzung des Erdumfangs und einer Überschätzung der Ost-West-Ausdehnung Asiens. Oder handelte es sich um einen Bluff, um den Anspruch auf Zipango und gleich auch Cathay (China) gegenüber dem Papst, einem Landsmann, vorsorglich geltend zu machen, um sich über die westliche Richtung alle Rechte auf die Gewürzinseln zu sichern? Dabei hatte der Grieche Erathostenes bereits um 200 v. Chr. den Erdumfang fast exakt hochgerechnet mittels eines simplen geometrischen Tricks: aus dem Sonnenhöchststand und seinem Einfallswinkel an zwei verschiedenen Orten Ägyptens zur selben Stunde.

Aber auch auf Seiten der Portugiesen könnte Täuschung eine Rolle gespielt haben. Schnitt doch die neue Grenzlinie ein gehöriges Stück von Südamerika, das heutige Brasilien nämlich, von der spanischen Welthälfte ab und schlug es den Portugiesen zu. Und zwar lange Jahre, bevor – zumindest nach gängiger Auffassung – überhaupt klar war, dass sich dort Land befand. Erst im Jahre 1500 stieß Pedro Alvares Cabral auf dem Weg nach Indien auf die brasilianische Küste und nahm sie für seinen König in Besitz, indem er einen Wappenpfeiler in den Boden rammte. Doch manches spricht dafür, dass man in Lissabon weit vor 1500 im Bilde war. Waren portugiesische Seefahrer auf ihrem Weg in Richtung Kap der Guten Hoffnung doch schon zuvor dazu übergegangen, den Golf von Guinea im weiten Bogen nach Westen zu umfahren, um die Meeresströmungen auszunutzen.

Ob gepokert wurde oder nicht – die Welt war aufgeteilt. Andere christliche Seemächte oder solche, die es werden wollten, wie Großbritannien oder die Niederlande, erkannten den Vertrag nie an. Von den Ländern, auf die Spanien und Portugal nach Vertragsschluss Ansprüche erhoben – Indien, die Gewürzinseln, Zipango oder Cathay – ganz zu schweigen.

Der Vertrag von Tordesillas mag die Richtungen vorgegeben haben, in die Spanien und Portugal in ihrem Drängen zu den Gewürzinseln nun meinten ausschwärmen zu dürfen. Die wichtigere Frage aber blieb damit zunächst unbeantwortet: Wem würden sie – in der Logik des Vertrages – letztlich gehören, die Gewürzinseln, wenn man sie denn endlich gefunden haben wird? Wo würde am anderen Ende der Welt der spanische Westen aufhören und der portugiesische Osten anfangen und umgekehrt?

Papst Alexander VI. Er vermittelte den Vertrag von Tordesillas.

Erst 1529, im Vertrag von Saragossa, teilte die Linie von Tordesillas, über beide Pole fortgesetzt, auch Fernost auf – nachdem es ziemlich genau dort zum Knall gekommen war zwischen den beiden Teilnehmern des Wettlaufs, Spanien und Portugal. Auf den winzigen Gewürzinseln. Weltweit anerkannt wurde die Trennlinie nie. Und wenige Jahrzehnte später war sie ohnehin obsolet.

FERDINAN. MAGALA.

Den Globus in die Zange genommen

Ein feuchtwarmer Nordwestwind umweht die winzige Insel, vor der zwei spanische Galeonen einen Ankerplatz suchen. Er kommt auf die Schiffe zu und trägt eine Spur von Nelkenduft herüber von dem steilen, grünen Bergkegel, der das gesamte Stückchen Land einnimmt, einem Vulkan. Auf den Schiffen zählt man den 8. November 1521. In Wahrheit ist es bereits der 9. November, aber das kann, obwohl die Logbücher bis hierher akkurat geführt sind, niemand wissen an Bord. Auch die Menschen auf der Insel nicht. Sie leben in ihrer ganz eigenen Zeit.

Verherrlichung des Kommandanten Ferdinand Magellan, seine Flotte durchsegelte als Erste den Pazifik und umrundete die Welt. Er selbst wurde auf den Philippinen ermordet.

BB

DEN GLOBUS IN DIE ZANGE GENOMMEN

Das Flaggschiff gibt einen Salutschuss ab, und nach wenigen Sekunden schickt der dichte Wald am Berghang den Knall zurück. Ansonsten kommt nichts von der Küste. Keine Reaktion auf die Ankunft der Schiffe und den Schuss. Dabei herrscht dort durchaus reges Leben. Die Geschäftigkeit können die Seeleute von Bord aus genau beobachten, bevor die Sonne hinter der Insel zügig auf den Horizont fällt und sich innerhalb weniger Minuten die Nacht ausbreitet. Ein, zwei, sechs, 20 Feuer werden an der Küste entzündet.

Genauso schnell kommt zwölf Stunden später die Sonne zurück, auf der anderen Seite, früh am nächsten Morgen. Sie steht noch tief, als sie ein langes Boot, eine »Prau«, anstrahlt, die sich von der Küste löst und auf das Flaggschiff zusteuert. Einen hohen Bug in Form eines geschnitzten Drachens hat das Boot. In der Mitte spendet ein Baldachin Schatten, nur ein Mann sitzt darunter. Das Boot geht längsseits, und unter dem Baldachin erhebt sich ein Würdenträger mit einer Art Zepter in der Hand. Al Mansur nennt er sich, und er heiße die Seeleute willkommen, ruft er die Bordwand hinauf, in gebrochenem Portugiesisch. Er habe schon viel von den Spaniern gehört, dem mächtigen Volk, groß und klug. Mit ihnen wolle er Handel treiben. Mit den Früchten seiner Bäume, sagt er. Bündnisse wolle er schließen mit ihnen.

Juan del Cano, Kommandant der spanischen Schiffe, ist schnell klar, was Al Mansur im Schilde führt. Er braucht den Spanier, dringend, vor allem seine Männer und seine Kanonen, um gegen den Herrscher der Nachbarinsel endlich bestehen zu können. Sultane zweier Inselreiche stehen sich gegenüber, als Brüder im Glauben an Allah und an die Botschaft Mohammeds, der viele Jahre vor den Europäern die Inseln erreichte. Der andere, der Konkurrent Al Mansurs, genießt seit einigen Jahren die Unterstützung der Portugiesen. Die haben sich auf der Nachbarinsel Ternate festgesetzt, von der ein ebensolcher Nelkengeruch ausgeht.

Tidore, auf dem del Cano, der Spanier, gerade angekommen ist, und Ternate, auf dem die Portugiesen seit Jahren sitzen, liegen gerade mal eine knappe Seemeile voneinander entfernt. Hier, etwas östlich des 127. östlichen Breitengrades, begegnen sich an jenem Nachmittag des 9. November 1521 die beiden europäischen Großmächte des 16. Jahrhunderts. Sie haben den Globus in die Zange genommen: Die Portugiesen über den östlichen, die Spanier über den westlichen Seeweg. Und hier kommt es zum Knall.

Die Portugiesen waren die Ersten. Eine wichtige Etappe ist für sie das Jahr 1507. Die Lusitanier sind da längst vorgedrungen bis nach Indien. 1498 war Vasco da Gama in Kalikut angekommen, in den ersten Jahren des 16. Jahrhunderts konnten sie ihre festen Brückenköpfe auf dem Subkontinent errichten, mit einer Festung in Goa. Von den Gewürzinseln sind sie noch weit entfernt, als es eines Tages in jenem Jahr 1507 einen Abenteurer aus dem italienischen Bologna in der indischen Hafenstadt anspült: Ludovico Varthema. Den Portugiesen erzählt er von seinen jüngsten Reisen in die fernen Welten des Ostens.

Karl V., deutscher Kaiser aus dem Hause Habsburg, war als gleichzeitiger spanischer König Karl I. der Auftraggeber des Vorstoßes Magellans über die westliche Route zu den Gewürzinseln.

Molukken und Molukker

»Kapitän Pattimura« ziert jeden indonesischen 1000-Rupienschein. Der Freiheitsheld Pattimura (1783 bis 1817) ist Symbol für die auf den früheren Gewürzinseln besonders starke Unabhängigkeitsbewegung gegen die anfangs grausame niederländische Kolonialherrschaft. Nach dem Zweiten Weltkrieg wiederum kämpften viele Molukker auf Seiten der Niederländer gegen die indonesische Unabhängigkeitsarmee, später dann für eine von Indonesien unabhängige Republik Süd-Molukken (RMS). Auch weil die meisten Molukker, anders als die anderen muslimischen Indonesier Christen sind, haben sie in ihrem Staat einen schweren Stand. Viele wurden von den Niederlanden aufgenommen, wo ihre Integration vielfach scheiterte: Bekannt geworden ist die Zugentführung im Jahr 1977 durch molukkische Terroristen bei Groningen, die blutig endete. Ende der 1990er-Jahre kam es auf den Molukken zu Pogromen gegen Christen.

Von unglaublichen Begebenheiten berichtet er, von beißender Kälte und von Orten, die von der Sonne nur vier Stunden täglich beschienen werden. Schon damals klingen Varthemas Geschichten wenig glaubwürdig, und die Wissenschaft geht heute davon aus, dass der Italiener nie über Malakka an der gleichnamigen Meeresstraße zwischen Malaysia und dem indonesischen Sumatra hinausgekommen ist.

Doch der Italiener nennt ihnen, ganz offenbar vom Hörensagen, zum ersten Mal die Namen der sagenhaften Gewürzinseln. Banda und Ambon, so berichtet Varthema, gehörten zu ihnen. Noch wohlhabender aber seien Ternate und Tidore, zwei kleine Sultans-Inseln, auf denen die Nelken gedeihen. Die Erzählungen des Italieners mögen aus heutiger Sicht insgesamt Halbwahrheiten sein, dennoch tragen sie dazu bei, dass die Portugiesen neun Jahre nach da Gamas erster Ankunft in Indien endlich fortfahren mit ihrem Streben zu den Gewürzinseln, auch wenn sich nun immer wieder herausstellen wird, dass sie noch weiter entfernt liegen als die portugiesischen Statthalter in Indien vermuten.

Der neue Aufbruch beginnt. In Malakka, dem Drehkreuz des Handels und bis dahin entferntesten Ort, an dem portugiesische Handelsschiffe aufkreuzen, setzt sich wenig später schon General Alfonso d'Albuquerque fest. Und er betreibt die Weiterfahrt, will zur letzten Etappe ausholen. Antonio d'Abreu und Francisco Serrao werden seine Schiffsführer für den Zieleinlauf sein. Insgesamt 120 Mann auf drei kleineren Karavellen lichten Ende 1511 die Anker und setzen Segel in Richtung Osten. Wahrscheinlich auch an Bord von einem der Schiffe – Ferdinand Magellan, ein enger Freund Serraos, dem Magellan bei einem Seegefecht einmal mutig das Leben rettete. Magellan wird später in die Seefahrtgeschichte eingehen. Dafür ist nicht ganz unbedeutend, ob er 1511 über Malakka noch weiter nach Osten vordringen konnte. Es gilt unter Historikern als wahrscheinlich. Gesichert ist es nicht.

Banda heißt das erste Ziel Serraos und d'Abreus. Zunächst geht es durch die Meerenge zwischen Singapur und Sumatra, dann vorbei an den unbekannten, von Piraten besetzten Inseln an der Südspitze der Malaiischen Halbinsel und hinein in den Archipel Pulau Seribu (»Tausend Inseln«) vor der Nordostküste Javas. Und durch das Herz der Java-See. Auf Serraos Schiff befindet sich ein einheimischer Lotse, »Kapitän« Ismail. Doch alle seine Erfahrung und Kenntnisse der hinterindischen Gewässer können nicht verhindern, dass Serraos Schiff auf halbem Weg scheitert, in einer Sturmbö vor Ambon, der bedeutendsten Insel in den Zentralmolukken. Der Kapitän und die Mannschaft müssen auf die beiden anderen Schiffe verteilt werden.

Entlang der Südküste der Insel Ceram – heute eine der rückständigsten großen Inseln im östlichen Indonesien – geht es weiter nach Osten, zuletzt nach Südosten. Bis ihnen, Anfang des Jahres 1512, der Gunung Api den Wind aus den Segeln nimmt, der 650 Meter hohe und steile Vulkan in der Banda-See. Dahinter verstecken sich Banda Besar und das kleinere, aber damals wie heute bedeutendere Banda Neira des beschaulichen Banda-Archipels, bekannt für seine Muskatnüsse.

1512, die Portugiesen sind angekommen, als Erste auf den Gewürzinseln – auf einem der vielen Archipele jedenfalls. Die Bäume aber, auf denen die Nelken wachsen, die kostbarsten aller Spezereien, haben sie noch nicht zu Gesicht bekommen. Serrao und d'Abreu merken schnell, dass auf den Banda-Inseln zwar noch keiner einen Europäer zu Gesicht bekommen hat, dass aber viel vom »Orang Barat«, dem Menschen aus dem Westen, die Rede ist. Die Bandanesen sind freundlich, sind glücklich darüber, mit den Männern in

den dicken und hohen Schiffen Handel zu treiben. Sie geben sich durchaus gewandt im Umgang mit Menschen, die von weither zu ihnen gekommen sind. Auch wenn sie in Hütten leben, die mit Blättern von Kokospalmen abgedeckt sind. Ihre Muskat-Ernte tragen sie in größeren Holzschuppen zusammen, nachdem sie wochenlang – auf Matten ausgebreitet – getrocknet worden war und nun versandfertig ist. Und sie füllen die Laderäume der Karavellen, bis die immer tiefer liegenden Dreimaster keinen weiteren Sack mehr aufnehmen können. Serrao, d'Abreu und Magellan versprechen sich von ihrer Ladung immensen Profit. Viel Zeit, die Eigenarten der Bandanesen zu studieren, nehmen sich Abreu und Serrao nicht. Sie hinterlassen der Nachwelt jedenfalls keinen diesbezüglichen Bericht.

Die Lusitanier sind also als Erste an jenem Ziel, das auch Kolumbus gesucht hatte, der 1511 schon fünf Jahre tot war. Auch Vasco da Gama hatte die Vision dieser Inseln auf seinen Fahrten nach Indien, über das er aber nicht hinauskam, auch nicht bei seiner letzten Reise 1524. Viele Abenteurer und Träumer des aufkommenden Entdeckungszeitalters zog es zu den Gewürzinseln – im Geiste wohl auch manchen abendländischen Monarchen.

Drachenboot-Rennen vor dem niederländischen Fort Belgica auf Banda Neira, veranstaltet vom modernen Inselkönig Des Alwi.

Reisebericht des Ludovico Varthema. Als ihm die Portugiesen in Indien begegneten, spornte er sie mit seinen fantastischen Erzählungen an, bei der Suche nach den Gewürzinseln nicht nachzulassen.

Die gesuchte Region im weiteren Sinne ist nun erreicht, wird dokumentiert und kartografiert, wenn auch das Problem des genauen Längengrades erst 250 Jahre später gelöst werden wird. Das ist der Grund dafür, dass Serrao und d'Abreu doch letztlich keine Ahnung haben, wie weit östlich – oder westlich – sie sich jetzt befinden. Noch diesseits der gedachten Fortsetzung der Linie von Tordesillas? Oder doch schon jenseits, schon in der den Spaniern zugewiesenen Welthälfte? Spanische Schiffe sind weit und breit nicht aufgekreuzt, noch nicht, nicht vor noch hinter allen Horizonten dieser Hemisphäre. Man ist hier die alleinige Macht des christlichen Abendlandes, im irdischen Jenseits.

Eine Frage aber plagt die Schiffsführer: Sind die Banda-Inseln wirklich die wichtigsten, die profitabelsten der Gewürzinseln? Wo sind eigentlich die Inseln, auf denen die Gewürznelken gedeihen? Nicht weit weg, so viel ist klar, aber wo? Wo wachsen die Bäume, an denen die kleinen »Nägelin« wachsen, die den Wein und anderes mehr so trefflich würzen, die zum Konservieren von vielerlei Dingen dienen, die in Europa seit vielen Jahrhunderten bekannt sind – ganz im Gegensatz zu ihrem Herkunftsort? Die nun aber, da das Osmanische Reich sich wie eine große Barriere im Orient aufrichtet, immer unerschwinglicher werden. Jene Ware, die in den Kontoren in Lissabon, Huelva und Sevilla die Augen leuchten lassen würde, mehr noch als die so sehr begehrte Ladung von Muskatnüssen.

Serrao und d'Abreu wissen keine Antwort auf diese Frage, sie können ihr auch nicht weiter nachgehen, ihre Laderäume sind randvoll. Ihr Kurs nach einem Monat Aufenthalt auf Banda Neira heißt nun Malakka, unweigerlich und ohne Zwischenstopp, und lägen die Nelkeninseln auch noch so direkt auf ihrem Weg. Auch Serrao, der schiffbrüchige Kapitän, darf nun wieder ein Kommando führen. Die Portugiesen haben für ihn eine chinesische Dschunke im Gewürzhafen von Banda erstanden. Und so bläst der Ostwind die kleine orientalisch-abendländische Flotte durch die Banda-See wieder zurück in die Mitte des Molukken-Meeres. Alle Schiffe kommen durch, nur einer scheitert erneut – Serrao. Diesmal auf dem Riff von Nusa Penju, einer unbewohnten Insel. Doch fordert der Schiffbruch erneut keine Opfer. Und es ist eine Art Glück im Unglück, dass Serrao den Havaristen an sein wahres Ziel bringt. Das Ziel, das ihn zeit seines Lebens nicht mehr loslässt.

D'Abreu, in dessen Kielwasser Serrao segelte, verschwindet mit der restlichen

Flotte hinter dem Horizont. Nicht noch einmal will er sich von dem Pechvogel aufhalten lassen. Wahrscheinlich befindet sich auch Magellan auf den Schiffen d'Abreus, die nun davonsegeln, Richtung Heimat. Magellan, der große Freund Serraos, der ihn noch auf Jahre beschäftigen, den er fast noch einmal treffen wird, nach 60 000 Kilometern Seereise. Fast.

Nusa Penju ist eine kleine Inselgruppe. Zu jener Zeit 150 Meilen entfernt vom nächsten bewohnten Ort, aber inmitten der Heimat von Piraten. Es ist ein gefahrvoller Ort mithin für Schiffbrüchige – eine Not freilich, die Serrao zur Tugend macht, der Pechvogel, der zum großen Trick ausholt. Er lässt das Wrack seiner Dschunke auf dem Riff hängen, platziert am Strand deutlich sichtbar, als Lockvögel, ein paar unglücklich dreinblickende überlebende Schiffbrüchige und verschanzt sich mit seinen Musketenmännern im Hintergrund. Und so dauert es nicht lange, bis Piraten auf ihrer Dschunke dahergesegelt kommen und in der Lagune die Anker werfen. Sie rudern mit ihrer Schaluppe an Land – und sitzen in der Falle, die Serrao errichtet hat. Dessen Männer überwältigen die Piraten, nehmen ihnen ihre Dschunke und zwingen die Seeräuber auch noch zum Lotsendienst.

Erneut geht es nun nach Ambon, zum Herz der Molukken. Die Häuptlinge von Ambon heißen die wohlbewaffneten Portugiesen willkommen, denn sie befinden sich gerade in äußerst lästigen Scharmützeln mit Stämmen der Nachbarinsel Ceram. Serrao und seine Musketiere leisten Waffenbrüderschaft, erfüllen alle Erwartungen, machen kurzen Prozess mit den Gegnern ihrer Gastgeber. Die militärische Macht der Abendländer macht die Runde bis zu den äußersten Archipelen dieser verwinkelten Inselwelt. Auch nach Ternate und Tidore, den beiden konkurrierenden Sultanaten auf ihren winzigen Inseln ganz im Norden der Molukken. So schicken die Herrscher gleich beider Inseln ihre jeweiligen Sendboten in Auslegerbooten über das Meer, nach Ambon zu den Portugiesen, um sie jeder für sich zu gewinnen. Sultan Bolief von Ternate und al Mansur von Tidore, beide wollen Erster sein.

Zehntausende Seemeilen fern der Heimat sind die Portugiesen nun unterwegs, immer noch auf der Suche nach den Ge-

Eine alte Kanone auf Ternate mit dem berühmten Emblem der niederländischen VOC (»Vereenigde Oostindische Compagnie«).

Das einzige Tagebuch der ersten Reise Vasco da Gamas nach Indien, verfasst von einem Autor, über dessen Identität man Vermutungen anstellen kann.

würzbäumen. Generationen von Seefahrern ihres Landes, Bartolomeo Diaz um das Kap, Vasco da Gama nach Indien, Albuquerque nach Malakka und Abreu nach Banda. Jetzt Serrao, ganz auf sich gestellt. Doch er muss nun nicht mehr weitersuchen nach der Heimat der Nelken. Denn nun kommt das Ersehnte auf ihn gleichsam von sich aus zu, von Ternate und Tidore aus, sie beide auch noch im Wettrennen miteinander. Es holt ihn sozusagen ab, das Paradies der Gewürze. Das Reich der Nelken, die wahren Gewürzinseln. Die Welt gehört Francisco Serrao.

Prinz Juliba, der Bruder des Sultans von Ternate, der ihn losgeschickt hatte, ist der Schnellere, er und seine Flotte von neun Kora-Kora, mehrere Tonnen schweren Drachenbooten, die Bandas Inselkönig Des Alwi noch heute zu seinem Pläsier einmal jedes Jahr ins Rennen schickt. Damals sind sie noch etwas länger, jeweils mit 100 Ruderern besetzt, die im Rhythmus von Gongs und Trommeln an Bord ihr Gefährt durch die Wellen treiben, bis unter die Hügel der Insel Ambon. Kaum angekommen, tritt der Thronfolger Ternates unter dem Baldachin hervor und entsteigt dem Kora-Kora. Er stellt sich vor, drängt aber zur Eile, auch in dem Wissen, dass Serrao seinerseits nur zu gern Ternate aufsuchen möchte. Er lässt zurückpaddeln, im Kielwasser die Europäer in ihrem Piratenschiff. Durch die Ceram-See zunächst, anschließend durch die Molukken-See. Es ist später Frühling, und so kann die Piratendschunke, mit dem aufkommenden Südostmonsun in den Segeln, mithalten mit den schnittigen Drachenbooten, von denen die Taktmelodie über die Wellengipfel hin und wieder herüberklingt. Kaum haben sie den Windschatten Leitimurs, der Südhalbinsel Ambons, verlassen, werden sie steuerbord aufmerksam auf eine lockere Gruppe mehrerer anderer Kora-Kora-Boote. Es sind die geschlagenen Boote von Tidore, die angesichts ihrer Niederlage aufgegeben haben. Prinz Juliba und Serrao haben kein Auge für sie. Ihr Kurs heißt Ternate.

Ein Tag und eine Nacht vergehen, da liegen sie endlich vor ihnen, die zwei ebenmäßigen Vulkankegel. Im Südosten Ternates lassen sie die Anker fallen, unterhalb des Sultanspalastes, dort, wo heute noch das Gebäude des Nachfolgers steht. Ihren Ankerplatz weist Prinz Juliba den Portugiesen gleich gegenüber von Tidore zu, als gelte es, dessen Herrscher im Triumph zu provozieren. Die Lusitaner sind zum zweiten Mal am Ziel an den Gewürzinseln, nach Banda nun Ternate. Dieses Mal bei den noch mehr als die Muskatnüsse gesuchten Gewürznelken. Das Rennen, das große Spiel um das Gewürz, ist endgültig entschieden. Und Sultan Bolief von Ternate ist dank der eisern gerüsteten und schwer bewaffneten »Orang Barat« ab sofort der mächtigere der beiden Potentaten der Zwillingsinseln.

Bald nach der Ankunft setzt reger Handel ein zwischen Ternate und Malakka, Portugals Drehscheibe für den Handel. Schiffsladungen von Nelken verlassen die Gewürzinseln. Zunächst stehen dafür nur asiatische Schiffe zur Verfügung, doch bereits 1513 kreuzen regelmäßig portugiesi-

Folgende Doppelseite: Karte.

sche Karavellen vor Ternate auf. Im selben Jahr begründet Antonio Azevedo, Kommandant der ersten ostindischen Flotte, auf Ternate einen eigenen kleinen Handelsstützpunkt, bald darauf einen zweiten auf Batjan, einer Insel zwischen Ambon und Ternate. Aus Malakka wurden eigens portugiesische Bautrupps entsandt, um feste Häuser zu errichten, Vorläufer zahlreicher wehrhafter Forts wie Fort Toloko oberhalb der Stadt Ternate, dessen Gemäuer heute noch bewundert werden kann. Auch der Nelkenhandel von Tidore – der Sultan dieser Nachbarinsel, al Mansur, kann es nicht verhindern – ist nun mehr und mehr den Bedingungen des neuen europäisch-asiatischen Handelspaktes unterworfen.

Anfangs war Serraos Aufenthalt auf Ternate durch keinerlei offiziellen Auftrag aus Lissabon oder seitens der Statthalter in Malakka legitimiert. Er war ein Desperado, der seine Flotte nach dem zweiten Schiffbruch verlassen hatte. Doch nach Errichtung der Handelsposten ist er wieder eingereiht in die portugiesische Hierarchie. Und er arrangiert sich mit dem edlen Leben neben dem Sultan, hegt keine Ambitionen zur Rückkehr. Seine Existenz trägt Anzeichen eines Aussteigers, geplagt von Melancholie. Bald nach seiner Ankunft beginnt er Briefe zu schreiben an seinen Freund Magellan in Malakka. Einem Antwortschreiben muss er freilich entnehmen, dass dieser längst nach Europa zurückgekehrt ist. Schon in seinem ersten Brief bittet Serrao Magellan, er möge doch auch nach Ternate kommen, ins Paradies, wo die Europäer nichts zu entbehren hätten. Ein Leben könne man dort auf der Insel führen. Mit jedem Handelsschiff geht ein Brief an den verehrten Ferdinand, nunmehr nach dem fernen Europa adressiert.

Doch Magellan lebt mittlerweile in einer anderen Welt. Unmittelbar nach seiner Trennung von Serraos Schiff, zurück in Malakka, gerät er in Streit mit Albuquerque, dem Kommandanten des befestigten Handelsknotens. Magellan kehrt heim nach Lissabon, überwirft sich dort auch noch mit König Manuel, verlässt Portugal Richtung Spanien und legt 1517 dort sogar die portugiesische Staatsbürgerschaft ab. Nun steht er in Diensten Spaniens, des großen Konkurrenten Portugals. Das heißt für Magellan auch: Er muss bei all seinen künftigen Ambitionen in die entgegengesetzte Himmelsrichtung denken, in Richtung Westen nämlich, die den Spaniern im Vertrag von Tordesillas zugedacht ist. Dennoch unterhält er nach wie vor Briefkontakt mit Serrao, dem portugiesischen Statthalter auf Ternate. Auch beginnt Magellan nach 1517 – beeindruckt von den Schilderungen Serraos –, konkrete Pläne für eine Reise zu den Gewürzinseln zu schmieden, über den westlichen Seeweg, für den spanischen König Karl I. Was Serrao nicht ahnt: Magellan vertritt nun, mit unterschiedlichen Karten und Schriften als Argumentationshilfen, die Ansicht, Banda, Ternate und die anderen Gewürzinseln gehörten zur spanischen, der westlichen Hemisphäre. Also sei es nur recht und billig, sie für die spanische Krone in Besitz zu nehmen.

Unterdessen wird die Lage für Serrao auf Ternate unangenehmer. Auch für seinen Gönner, Sultan Bolief. In den ersten zwei Jahren nach ihrer Ankunft waren die Portugiesen noch göttergleich verehrt worden, wovon auch der Sultan zehren konnte. Hatte er doch in den Jahren zuvor prophezeit, irgendwann würden Männer in Eisen aus dem Westen erscheinen, als Wohltäter für die Inseln. Diese Aura verlieren die Portugiesen nun nach und nach, als ihr Streben nach größtmöglichem Profit deutlich zutage tritt. Das schwächt auch das Ansehen des Sultans. Man spinnt Intrigen gegen ihn: Der Sultan Tidores, al Manzur, mischt sich ein, die Rivalitäten mit der Nachbarinsel verschärfen sich.

Die Spur der Entdecker

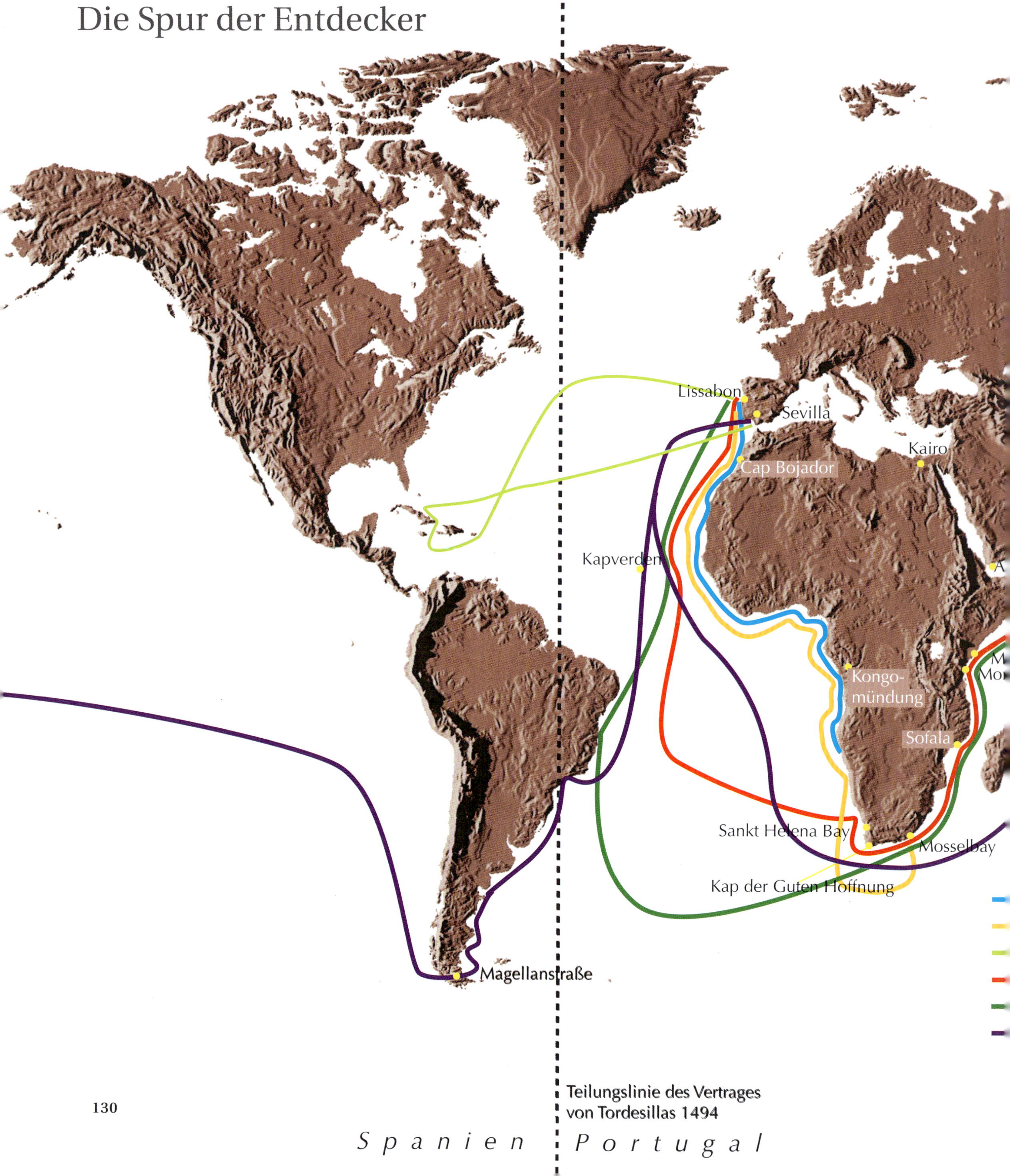

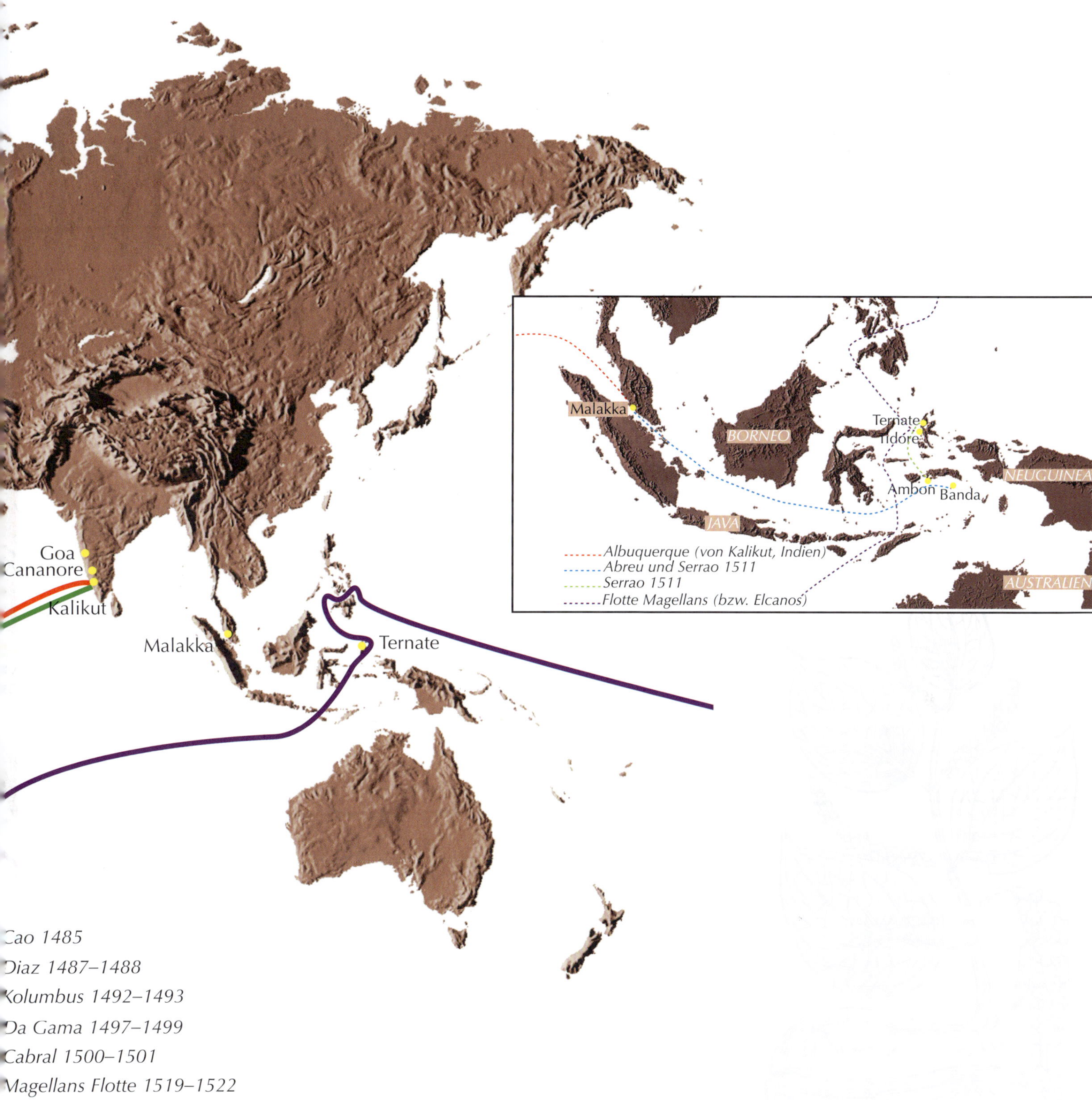
Goa
Cananore
Kalikut
Malakka
Ternate
Malakka
BORNEO
Ternate
Tidore
Ambon
Banda
NEUGUINEA
JAVA
AUSTRALIEN
Albuquerque (von Kalikut, Indien)
Abreu und Serrao 1511
Serrao 1511
Flotte Magellans (bzw. Elcanos)
Cao 1485
Diaz 1487–1488
Kolumbus 1492–1493
Da Gama 1497–1499
Cabral 1500–1501
Magellans Flotte 1519–1522

In China baute man bereits Anfang des 15. Jahrhunderts weit größere Schiffe für Ozeanreisen als in Europa. Hier der Nachbau eines Seglers aus der berühmten Flotte von Fünf- und Siebenmastern, mit der Zheng He 1405 und 1433 den Indischen Ozean und den Pazifik befuhr.

1519 ist es für Magellan so weit. Von seinem neuen König, Karl I. hat er die Genehmigung und Geld erhalten für den Aufbruch zu den Gewürzinseln über die westliche Route. Obwohl er sich über die wahren Distanzen nicht im Klaren ist. Wie wird sich die Begegnung mit seinem Freund gestalten, dem heimlichen Herrscher der fernen Insel, die er nun selbst zu erobern gedenkt? Auch in nautischer Hinsicht ist das Vorhaben, das unbekannte, größte aller Weltmeere, den Pazifik, zu durchfahren, unerhört. Zunächst aber gilt es die Barriere der Neuen Welt zu überwinden, die erst 1507 als eigener Kontinent erkannt worden war.

Mit fünf Schiffen sticht Magellan in See und findet 1520 das, was europäische See-

fahrer zuvor vergeblich gesucht hatten: die Durchfahrt vom Atlantik in den Pazifik. Im äußersten Süden Amerikas, im Land der großen Stürme, findet er die Meeresstraße, die seither seinen Namen trägt. Es schließt sich eine der größten Torturen an, die Seeleute im Entdeckungszeitalter erdulden mussten: Die 5000 Kilometer durch den Südpazifik schaffen die Seeleute nur unter größten Opfern und Mühen, immer am Rand des Wahnsinns und des Verhungerns. Skorbut rafft große Teile der Mannschaft dahin. Inseln laufen die Schiffe nicht an, bis sie den westlichen Rand des Pazifiks erreichen.

Doch der Showdown, das Treffen der beiden alten Freunde Magellan und Serrao, kann nicht mehr stattfinden. An jenem Nachmittag im November 1521, als von den beiden spanischen Segelschiffen, die reichlich heruntergekommen sind inzwischen, vor Tidore die Anker herabgelassen werden und ihr Salut von den steilen Berghängen zurückschallt, sind beide Männer schon seit Monaten tot. Magellan ist bei einem Zwischenstopp auf den Philippinen von Einheimischen ermordet worden. Von seinen ursprünglich fünf Schiffen sind nur noch zwei übrig. Serrao war schon im Vorjahr gestorben, vermutlich durch einen Giftanschlag wie auch Sultan Bolief.

Was die Dramaturgie des Zusammentreffens zwischen Spaniern und Portugiesen gewissermaßen perfekt macht: Von der Tordesillas-Linie aus gesehen liegt, wie der Blick in einen modernen Atlas offenbart, das andere Ende der Welt tatsächlich im Meer um die Gewürzinseln. Nur äußerst knapp gehören sie zur portugiesischen Hemisphäre. Doch das war vor der zweiten Hälfte des 18. Jahrhunderts, als genaue Uhren erst die Bestimmung der Längengrade ermöglichten, noch nicht genau festzustellen. Das Gefecht zwischen Serrao und Magellan blieb beiden erspart. Vielleicht wäre es, hätten sie noch gelebt, auch gar nicht dazu gekommen. Vielleicht hätten sie den Zwist zwischen ihren beiden Ländern fern der Heimat auch friedlich ausgetragen, Kompromisse gefunden. Vielleicht hätte sich die Meinungsverschiedenheit auf eine Diskussion über das Datum jenes Tages beschränkt. Magellan hätte gewiss darauf bestanden, dass er am 8. November 1521 angekommen sei, obwohl es schon der 9. November war. Die Tage auf seiner Reise in Richtung Westen, mit der Sonne, waren länger als die auf der Fahrt des Serrao, der gegen die Sonne nach Osten gesegelt war. So war man inzwischen einen ganzen Tag auseinander. Magellan hatte die gut 300 Jahre später durch den Pazifik von Nord nach Süd gezogene Datumslinie überfahren, von deren Notwendigkeit die Seefahrer der frühen Neuzeit noch keine Ahnung hatten. Sie ist heute die einzige von Nord nach Süd durch einen Ozean gezogene Linie, die die Welt nach internationalen Vereinbarungen teilt – in heute und morgen. Die Einteilung in eine spanische und eine portugiesische Hälfte, der Vertrag von Tordesillas, wurde noch im 16. Jahrhundert obsolet.

All das ist kein Thema, als die Reste der Magellanschen Flotte in Tidore ankommen. Für die Spanier wird es ein kurzer Aufenthalt auf den Gewürzinseln sein, ihr Zieleinlauf wird ein bitteres Ende nehmen. Die Rivalitäten zwischen Ternate und Tidore, die Nähe zu den portugiesischen Kastellen, all das lässt Eile geboten erscheinen. Sie lassen die beiden Schiffe, die »Victoria« und die »Trinidad«, mit Nelkensäcken füllen, um schleunigst Richtung Heimat aufbrechen zu können. Die »Victoria« kommt tatsächlich durch und erreicht nach langer Fahrt den spanischen Heimathafen Sanlucar. Die Hälfte der Mannschaft allerdings ist unterwegs an Ruhr gestorben, und einige Seeleute fielen an der nordwestafrikanischen Küste Auseinandersetzungen mit Portugiesen zum Opfer, die diesen Meeresbereich für sich beanspruchten. Die Überlebenden gelten seither als die ersten Menschen, die die Welt umrundeten.

Die »Trinidad« aber, wurmzerfressen und kaum mehr seetüchtig, ist unmittelbar nach dem Ablegen in Tidore zur Kehrtwende gezwungen, zur Generalüberholung des Schiffes. Doch dazu kommt es nicht. Die Portugiesen aus Ternate kommen und setzen die Besatzung fest. Die bedauernswerten spanischen Seeleute lernen nun nach und nach die Kerker, Verliese und Folterkeller zwischen den Gewürzinseln und Malakka kennen. Die portugiesische Order lautete: »Die Spanier sollen in Asien sterben, damit sie nicht die Herkunft der Gewürze verraten.« Etwa 20 Jahre später schaffen vier Männer der »Trinidad« tatsächlich noch die Rückkehr nach Spanien. Sie waren die Letzten der ersten Weltumsegler.

Vielfach wird Ferdinand Magellan, der Portugiese in spanischen Diensten, als der erste Weltumsegler angesehen – vordergründig betrachtet zu Unrecht, wurde er doch auf halber Strecke, auf den St.-Lazarus-Inseln, wie die Philippinen damals hießen, ermordet. Womöglich aber war er dennoch der Erste, der die Welt umrundete, lange bevor die »Victoria« nach Spanien zurückkehrte. Schließlich spricht manches dafür, dass er dabei war, als die erste portugiesische Flotte 1511 mit Serrao an Bord die Banda-Inseln anlief. Dann aber hätte er zumindest den 126. östlichen Längengrad zweimal gekreuzt: das erste Mal auf seiner Ostasien-Fahrt und das zweite Mal nach jahrelangem Zwischenaufenthalt in Europa, bei seiner Pazifik-Überquerung. Genauso gut könnte dann aber auch ein gewisser Enrique, Magellans Diener, der Erste gewesen sein. Als Sklave hatte ihn Magellan 1511 in Ostasien erstanden. Er folgte seinem Herrn nach Europa und kehrte anschließend an Bord von Magellans Pazifik-Seglern in seine Heimat zurück.

Letztlich wurde keine der beiden iberischen Mächte dauerhaft glücklich mit den Gewürzinseln. Portugal war als kleines, kapitalarmes Land nicht in der Lage, die Handelsverbindungen über diese Entfernungen aufrechtzuerhalten. Spaniens Strategen hatten genug Probleme mit ihren Vizekönigreichen in Südamerika. Im Jahr 1580 wurden beide Länder unter

Vasco da Gama und Kalikut. Ein friedliches Verhältnis entwickelte sich zwischen dem Portugiesen und der Gewürzmetropole im Süden Indiens nie.

einer Krone vereint. Man hätte nun zusammen den lukrativen Handel betreiben können. Doch inzwischen ging es mit der Weltherrschaft der katholischen Länder im Südwesten Europas insgesamt zu Ende. Die protestantischen Staaten im Norden, die Niederlande und Großbritannien, drängten mit Macht ins Spiel um die Aufteilung des Globus. Anfang des 17. Jahrhunderts bereits eroberte Jan Peterzon Coen das indonesische Inselreich einschließlich fast aller Gewürzinseln für die Niederlande. Die »Pfeffersäcke«, die Anteilseigner der neuartigen Kapitalgesellschaften in Amsterdam mit ihrer neuen »Vereenigten Oostindischen Compagnie«, übernahmen die Herrschaft über den Fernosthandel. Es ist alles andere als Zufall, dass sich ihr Spottname auf ein Gewürz bezieht. Ein privates Unternehmen übernahm nicht nur den Gewürzhandel, sondern auch hoheitliche Aufgaben der Kolonialverwaltung.

Wie kostbar der Grund und Boden war, auf dem Duft und Geschmack für das ferne Europa heranwuchsen, dokumentiert einer der denkwürdigsten Gebietsaustausche der Weltgeschichte. Im Vertrag von Breda aus dem Jahr 1663 wurde vereinbart, dass die Briten ihre einzige Gewürzinsel Run, ein vollkommen unscheinbares Eiland, von dem heute niemand mehr spricht, den Niederländern überlassen. Dafür erhielten die Briten im Zuge einer globalen Flurbereinigung die Halbinsel Neu-Amsterdam in Amerika, die viele heute als das Zentrum der Welt ansehen. Jetzt heißt sie Manhattan.

Literaturhinweise

Vasco da Gama: *Die Entdeckung des Seewegs nach Indien. Ein Augenzeugenbericht 1497 – 1499.* Stuttgart 2002.
Günther Hamann: *Der Eintritt der südlichen Hemisphäre in die europäische Geschichte.* Wien 1968.
Dietmar Henze: *Enzyklopädie der Entdecker und Erforscher der Erde*, 5 Bände. Graz 1978 – 2004.
Williard A. Hanna / Des Alwi: *Turbulent Times Past in Ternate and Tidore.* Banda Neira 1990.
Williard A. Hanna: Indonesian Banda. *Colonialism and ist Aftermath in the Nutmeg Islands.* Banda Neira 1991.
George M. Towle: *The Voyages and Adventures of Vasco da Gama.* Boston 1878
Ioana Petrescu: *Drei Karavellen auf großer Fahrt. Vasco da Gama entdeckt den Seeweg nach Ostindien.* Bukarest 1985.

Der Autor:
Ulli Kulke beschäftigt sich mit der Entdeckungsgeschichte, seit er im Alter von acht Jahren seinen ersten Globus geschenkt bekam. Das Thema begleitete ihn immer wieder durch sein Journalistenleben (u.a. bei der »taz«, »Natur« und »mare«) und als Autor zahlreicher Magazin-Beiträge und Bücher. Heute ist er Reporter bei der Tageszeitung »Die Welt«. Die Gewürzinseln, die heutigen Molukken, bereiste er zweimal, um darüber Radiofeatures zu produzieren. Im Frühjahr 2010 erschien von ihm bei Frederking & Thaler »Alexander von Humboldt. Reise nach Südamerika«.

Impressum

Bildnachweis
C. Weber: 130-131; pd: Cover h, 6-7, 11, 12, 18, 29, 32, 33, 34, 41, 46, 56, 66-67, 93, 97, 105 o, 108, 114, 117 u, 118, 124, 126; picture alliance / ZB: 52-53; picture-alliance / © World Pictures/Photoshot: 94-95; picture-alliance / Alain Evrard / Impact Photos: 76; picture-alliance / Bildagentur Huber: 13, 30-31; picture-alliance / Bildagentur-online/MM-Talawe: 90-91; picture-alliance / Christophe Bluntzer / Impact Photo: 102 u; picture-alliance / Design Pics: 62; picture-alliance / dpa / Stockfood: 70; picture-alliance / imagestate/HIP: 38, 86, 102 r, 104 u; picture-alliance / Judaica-Sammlung Richter: 122 picture-alliance / KPA/TopFoto: 119; picture-alliance / Mark Henley / Impact Photos: 47; picture-alliance / maxppp: 22; picture-alliance / OKAPIA KG, Germany: 20-21; picture-alliance / Photocuisine: 40; picture-alliance / Richard Duebel / Impact Photos: 96; picture-alliance / Roy Westlake / Spectrum: 84-85; picture-alliance / Simon Cooper / Impact Photos: 112-113; picture-alliance / united-archives: Schmuck, 16, 83; picture-alliance/ dpa: Cover v, Cover h, 10, 17, 14-15, 26, 27, 36, 72-73, 101, 128, 132-133; picture-alliance/akg images: 25, 28, 44, 51, 58, 60-61, 64, 69, 82, 88, 89, 98-99, 103 o, 104 o, 111 o, 120-121, 135, 138-139; picture-alliance/KPA/TopFoto: 81; picture-alliance/Mary Evans Picture Library: 8, 54, 54-55, 78, 80, 100, 105 u; picture-alliance/prismaarchivo 42-43; Ulli Kulke: 39, 103 u, 106-107, 110, 111 u, 115, 116, 117 o, 125, 127.

Ein Buch der Partner Frederking & Thaler und GEO

Bibliografische Information der Deutschen Nationalbibliothek
Die Deutsche Nationalbibliothek verzeichnet diese Publikation in der Deutschen Nationalbibliografie; detaillierte bibliografische Daten sind im Internet über http: //dnb.d-nb.de abrufbar

Produktmanagement: Dagmar Becker-Göthel
Redaktion: Thomas Theise, Regensburg
Grafische Gesamtgestaltung:
Medienfabrik GmbH, Stuttgart
Herstellung: Bettina Schippel
Litho: Repro Ludwig, A-Zell am See
Druck und Bindung: Korotan, Ljubljana d. o. o., Slowenien

ISBN 978-3-89405-791-6

In gleicher Reihe erschienen...

ISBN 978-3-89405-790-9

ISBN 978-3-89405-772-5

ISBN 978-3-89405-773-2

FREDERKING & THALER
www.frederking-thaler.de

DESSERTO
PAROPANISAD
EVFRATES
PERSIA
MARE PERSICO
GEDROSIAE
INDIA
CARMANIA
CIRCVLVS
ADEM REGIO
ARABIA FELIX
MARE INDICVM
SINVS
ARABICVS
COCOTORA
CIR
CVL
VS